Part.1 アイシングの基本

クッキーの作り方

アイシングと相性の良い、
甘さ控えめなクッキーをご紹介します。

材料
バター（食塩不使用）	90g
グラニュー糖	70g
バニラオイル	適量
溶き卵	25g
薄力粉	200g

1. バターと砂糖をすり混ぜる

室温に戻したバターをホイッパーでほぐし、グラニュー糖・バニラオイルを加え、白っぽくクリーム状になるまですり混ぜる。

2. 卵を加え混ぜる

溶き卵を2回に分け入れ、その都度卵が馴染むまでしっかりと混ぜ合わせる。

3. 生地を練る

薄力粉をふるい入れてゴムベラで押し混ぜ、表面につやが出るまで手で練り、冷蔵庫で30分以上寝かせる。

4. オーブンで焼く

めん棒で生地を5mm厚に伸ばして型抜きしたものをオーブンシートを敷いた天板にのせ、予熱の入ったオーブン（180℃）で15分前後焼く。

5. ココア生地のアレンジ

薄力粉の1割をブラックココアパウダーに変えると、ココアクッキーになる。

完成

6. 焼き上がり。

POINT

- クッキー型から生地が外れにくいときは、型に強力粉で打ち粉をするとよい。
- ビニール袋に入れて生地を伸ばすと、作業がしやすく衛生的です。また、ビニール袋ごと冷凍保存もできます。

3Dクッキーの焼き方

平面アイシングクッキーの次に挑戦したいのは、やっぱり3Dクッキー！
ケーキ用のシリコン型やプリン用のステンレス型、生卵などなど…。
アイデア次第でさまざまな3Dクッキーを焼くことができます。

ハートドーム型 （この形のアイシングクッキーはp.64で紹介）

1. 型抜きする
P.6のクッキー生地を5mm厚に伸ばしたものをハート形で抜く。

2. 生地をかぶせる
生地をハート型にかぶせ、指でクッキー生地を型になじませる。

3. 焼く
180℃で18分前後焼き、粗熱がとれたら型から外す。

エッグドーム型 （この形のアイシングクッキーはp.66で紹介）

1. 型を作る
生卵全体をアルミホイルで覆い、型を作る。

2. 台座を作る
アルミホイルで輪を作り、卵が転がらないように台座にして卵をのせる。

3. 生地をかぶせる
3mm厚に伸ばした卵より一回り大きな生地で卵の1/3を覆い、余分な部分をナイフで切り取る。

4. オーブンで焼く
予熱を入れたオーブン(180℃)で15分前後焼く。

5. ひっくり返す
卵から外しアルミホイルを輪にした台座にひっくり返してのせ、内側も焼く(180℃ 10分前後)。

6. 完成
焼き上がり。

POINT
- 卵型はクッキー型に比べて熱伝導が悪いので、裏面もしっかりと焼くようにしましょう。

COLUMN
オーブンで焼いた卵は、しっかりと火が通っています。ゆで卵と同じように、そのまままたは卵サラダなどにしておいしくお召し上がりください。
※焼きたては熱いので注意。

アイシングの練り方と固さ

中間のアイシングの配合

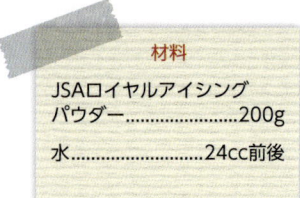

材料
JSAロイヤルアイシング パウダー......................200g
水.........................24cc前後

材料をボウルに入れて軽く混ぜてなじませ、ハンドミキサーの低速で10分程度練る（またはゴムベラで10分しっかり練る）。

※ロイヤルアイシングパウダーは、粉砂糖200g・乾燥卵白5g・水30ccで代用ができます。

しっかりと練ることで、真っ白のふんわりとした美しい仕上がりとなります。練り不足は乾燥後に透明感が出てしまったり、分離・にじみの原因にもなります。

アイシングの固さ

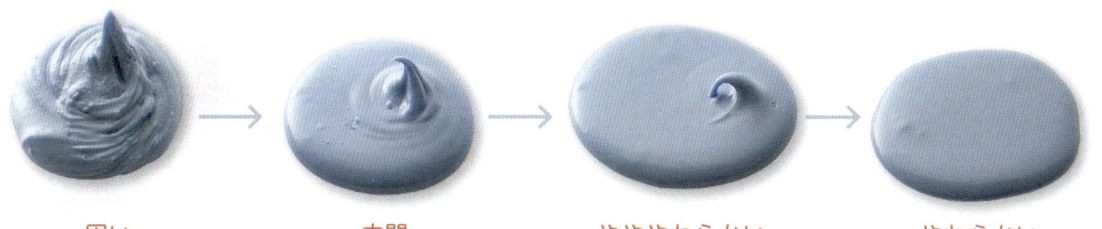

固い
つのがピンと立つ。

中間
つのがゆっくりとお辞儀する。

ややわらかい
つのがすぐにお辞儀する。

やわらかい
すくい落したときに5秒でなじむ。

固い…お花絞り・リーフ絞り・ラフ塗りに使用

中間…アウトラインや文字・模様を描くときに使用

ややわらかい…ステンシルやニードルポイントの塗りつぶしに使用

やわらかい…塗りつぶしや馴染み模様に使用

フレンチアンティークな着色

アイシングの着色は爪楊枝を使用して、少量ずつ行います。着色をした後に、茶色を加えると温かみのあるアンティーク色、ブラックを加えるとスタイリッシュな落ち着いた色になります。特にブラックはごく少量ずつ加えるようにしましょう。

	そのまま	+ブラウン	+ブラック
ローズ			
クリスマスレッド			
バイオレット			
スカイブルー			
ロイヤルブルー			
リーフグリーン			
レモンイエロー			
オレンジ			

複数色の組み合わせ

ウェッジウッドブルー
スカイブルー＋
クリスマスレッド

サーモンピンク
クリスマスレッド＋
レモンイエロー

サックスブルー
バイオレット＋
スカイブルー

ゴールド
レモンイエロー＋
オレンジ＋
マロンブラウン

シルバー
ブラック少量

ブロンズ
マロンブラウン＋
クリスマスレッド＋
ブラック

※ゴールド・シルバー・ブロンズは、表面が乾いた後、少量のジン（または30度以上の無色透明のアルコール）で溶いた食用パールパウダーを塗る。

Part.1 アイシングの基本

コルネの作り方

※写真ではわかりやすいように
クッキングシートを使用しています。

> • アイシングの量によってコルネのサイズを変えるとよい。
> POINT

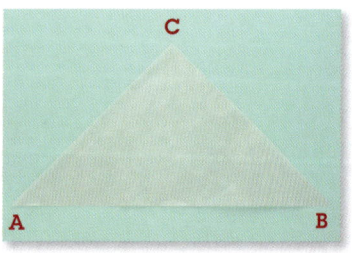

1. 2等辺三角形
20cm×20cmの正方形のセロファン紙(OPPシート)を対角線で半分に切る。

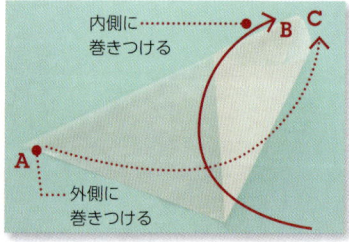

2. 巻きつける
BとCが重なるようにくるりと1回巻き、さらにAを巻きつけCの後ろに持ってくる。

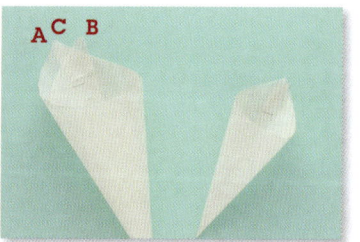

3. ホッチキスで止める
ABCの重なっているところをホッチキスで止める。

アイシングの基本工程

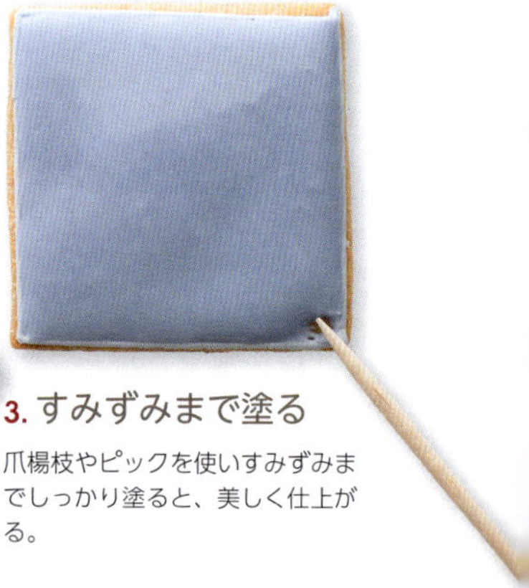

1. アウトラインを描く
コルネの先を2〜3mm切り、中間のアイシングで浮かせるようにしながら周りを囲む。

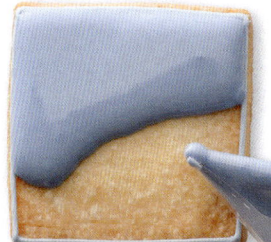

2. 塗りつぶす
やわらかいアイシングで端から塗りつぶす。

3. すみずみまで塗る
爪楊枝やピックを使いすみずみまでしっかり塗ると、美しく仕上がる。

馴染み模様の描き方（ウェットオンウェット）

バラ模様

1. ドットを描く
上記の3.が乾く前にドット模様を2色重ねて描く。

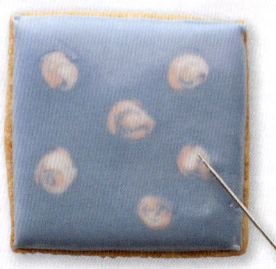

2. "のの字"を描く
ピックでのの字を書くようにしてバラ模様にする。

完成

3.
グリーンでドットを描き、ピックで上から下に引っ掻きリーフを描いて完成。

> POINT
> • 表面が乾いてしまう前に、作業を手早く行うのがポイントです。
> • ベースが濃い色の場合は、薄い色のドットを使用すると模様がはっきりします。

パイピングのバリエーション

ドット・しずく・曲線の組み合わせで、さまざまな模様やフレームを描くことができます。
このページをコピーしてクリアファイルに入れると、パイピングの練習にもなります。

基本のバリエーション

POINT

- ドットは90度に構えて絞り、のの字を手早く描くようにする。
- つのが立った場合は、軽く湿らせた小筆でやさしくなでる。
- しずくはやや浮かせた状態で絞り始め、最後は力を抜いて軽くベースにこすりつける。

応用

POINT

- 絞り始めと終わりはコルネの切り口を軽くベースに押し付けるようにする。
- ラインを描くときは、浮かせて描く。進行方向にコルネを少し倒して引っ張るようにするとよい。

COLUMN

パイピングは、練習すればするほどグングン上達します。クッキーを焼かなくても、クッキングシートやクリアファイル・まな板の上などどこでも手軽に練習ができますよ。

ブラッシュエンブロイダリー

ブラッシュエンブロイダリーとは？
ブラッシュとはブラシ（筆）、エンブロイダリーは刺繍という意味です。
絞ったアイシングを筆でぼかすことで、刺繍のような風合いをだすアイシングの技法です。

基本の描き方

花型

1. 下描きする
均一な模様にするために、下絵をピックで傷をつけるようにして写すとよい。

2. 型をつける
ベースがシュガーペーストの場合は、クッキー型やスタンプなどで模様をつけるとよい。

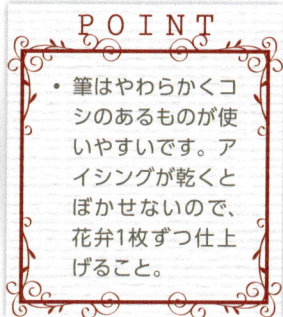

3. 花びらを描く
中間のアイシングで、花弁を1枚ジグザグに描く。

POINT
・絞る量が少ないときれいにぼかせないので、ややたっぷりと絞りましょう。

4. ぼかす
水で軽く湿らせた筆で、外側から内側へぼかす。

POINT
・筆はやわらかくコシのあるものが使いやすいです。アイシングが乾くとぼかせないので、花弁1枚ずつ仕上げること。

ARRANGE 2色の花びらを描く

1. アイシングを2重に絞る
アイシングを2色使用し、2重に絞る。

2. ぼかす
水で湿らせた筆で、2色同時に外側から内側にぼかす。

3. リーフを描く
同様にリーフを描き、筆でぼかす。

4. できあがり
中間のアイシングで花芯と葉脈を描いて仕上げる。

POINT
・細筆や平筆など、筆を使い分けることでさまざまな表情をだすことができます。作品のイメージに合わせて使い分けましょう。

口金絞り

道具

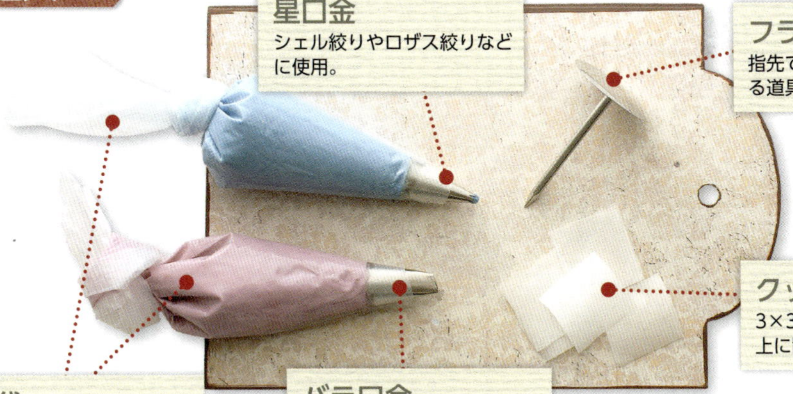

- **星口金**: シェル絞りやロザス絞りなどに使用。
- **フラワーネイル**: 指先で回転させながら花を絞る道具。
- **絞り袋**: 破れにくい丈夫なものがよい。
- **バラ口金**: バラ絞りやフリル絞りなどに使用。クッキーの大きさにより、サイズを変えるとよい。
- **クッキングシート**: 3×3cm。フラワーネイルの上に置いて花を絞る。

絞り方

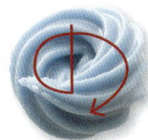

ロザス
星口金を垂直に構え、のの字を書くようにして絞り、最後は力を抜きながら手前に引く。

リーフ（葉脈なし）
コルネの先をV字に切り、絞った後に力を抜きながらすっと引く（切る深さによりサイズを変えられる）。

リーフ（葉脈あり）
コルネの先をV字に切り、前後に押し付けながら絞る。

バラ

1. 花心（1周目）
フラワーネイルを反時計回りに回しながら、口金の細いほうを上に向け、中心にぐるっと時計回りに一周花芯を絞る。

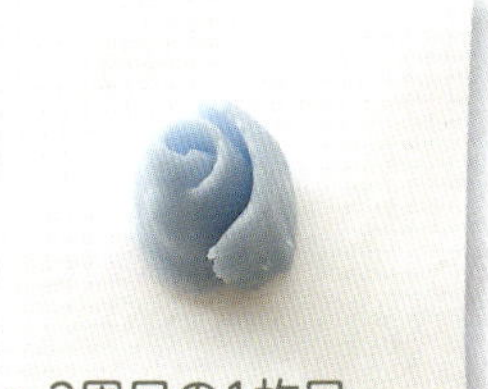

2. 2周目の1枚目
口金の細いほうを上向けたまま、花芯の周りに1/3の長さで花びらを絞る。

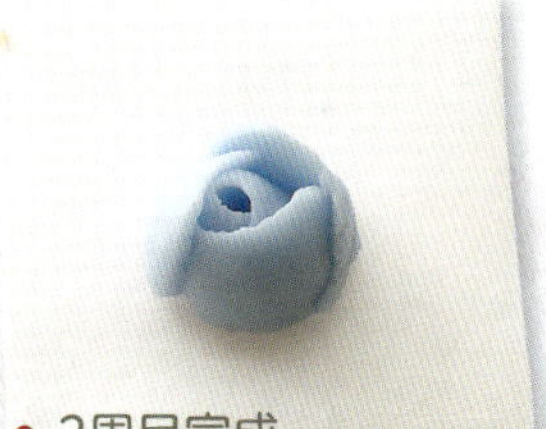

3. 2周目完成
同様に1/3の長さで、やや重ねるように3枚の花びらを絞る。

4. 3周目
同様に1/5の長さで少しずつ重なるように5枚の花びらを絞って完成。

ARRANGE 開花ローズ

上記の2.まで絞った後、細いほうの口金を外側に倒して開くように花びらを絞る。

完成
バランスよく5枚絞って完成。

POINT

- バラ絞りは、細いほうの口金の角度によって、つぼみや開花の段階を自由に作ることができます。さまざまな開き具合のローズを組み合わせることで、よりリアルな仕上がりになります。

ペインティングの基本

一見難しそうなペインティング、実は使用するのは筆と食用色素(カラージェル)だけでとても手軽です。
アイシングクッキーのキャンパスに自由に絵を描いてみましょう!
ペインティングの基本を知れば、水彩画のように文字やイラスト・絵の陰影など自由自在。
一気に作品の幅が広がります。
塗りつぶしたアイシングクッキー・シュガーペーストに描くのはもちろん、市販のマカロンなどに描くこともできますよ。

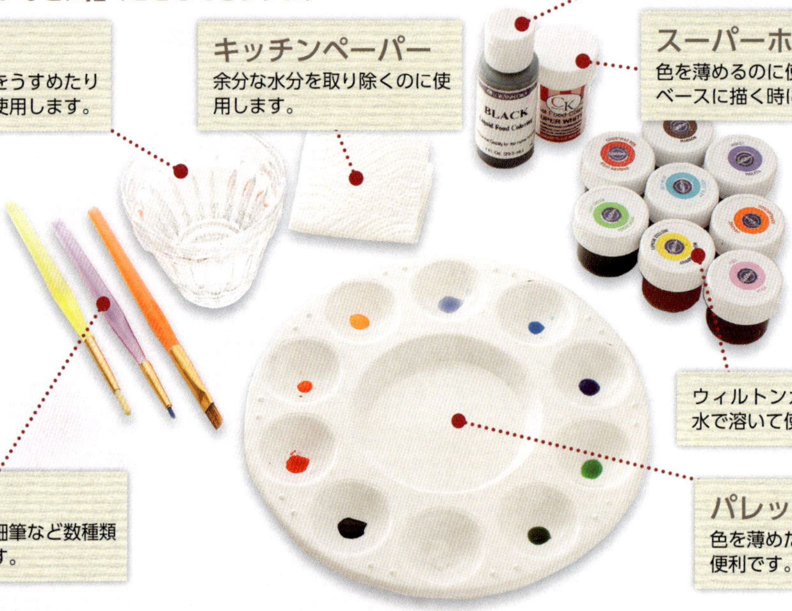

リキッド状の食用色素は、そのまま使用することもできます。

水
カラージェルをうすめたり筆を洗うのに使用します。

キッチンペーパー
余分な水分を取り除くのに使用します。

スーパーホワイト
色を薄めるのに使用したり、濃いベースに描く時に重宝します。

ウィルトンカラージェルは、水で溶いて使用します。

筆
丸筆、平筆、細筆など数種類あると便利です。

パレット
色を薄めたり混ぜるときに便利です。

ペインティングのカラーバリエーション

濃淡の出し方①水分量で調整する

食用色素に水を足す量により、色の濃さを変えることができます。同じ色でも濃さを変えることで、陰影や濃淡をつけて立体感をだすことができます。水を多く足した場合は特に、キッチンペーパーで余分な水分をとってから描くようにしましょう。

POINT
- 水分が多いままアイシングクッキーにペイントすると、アイシングの表面が溶けて陥没する場合があります。また乾くのが遅くなると、にじみの原因にもなります。

濃淡の出し方②食用色素の白(CKスーパーホワイト)を加えて濃淡をつける

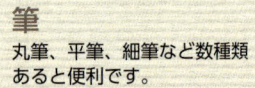

ホワイトを加えることで、やさしい色合いをだすことができます。また、濃い色で描いた上に部分的に白を足すことで光が当たっているように表現することができます。ブラックベースのアイシングにホワイトで描くと、チョークボードのように仕上がります。

POINT
- 濃い色のベースにペインティングする場合は、各色に白を加えるとよい。

ペインティングのテクニック

筆の使い分け

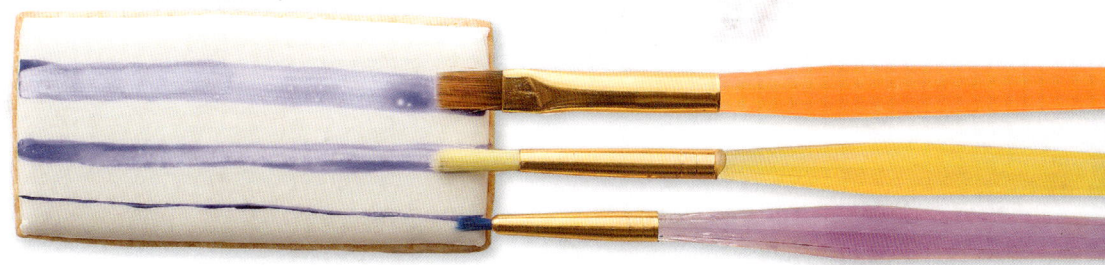

平筆
丸筆
細筆

細筆

線・輪郭・文字などに使用。水でしめらせた筆にジェルをなじませるとよい。

丸筆

塗りつぶし・ぼかし・背景などに使用。多めの水で溶き、うすく塗りつぶすとよい。

平筆

ストライプやチェック模様・リボンなどに使用。重なる部分は、二度塗りで濃くする。

アンティーク感をだす技法

白いペインティング

濃い色に白いペインティングをして埃っぽさをだす。

茶色でペインティング

周りをペインティングして汚れた感じをだす。

薄茶色にぼかす

縁を薄い茶色で塗り、アンティーク調に仕上げる。

シュガーペーストの扱い方

ウィルトン
ロールフォンダン使用

着色方法
爪楊枝に食用色素を少量つけ、少しずつ混ぜこみ練るようにして着色する。

モルドで型抜き

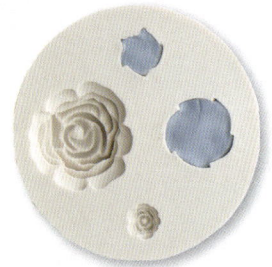

1. モルドに詰める
モルドに丸めたシュガーペーストを押し込み、あふれた分は取り除く。

2. 取り出す
モルドを反らせて中身を取り出す。出にくい場合は、ピックを使用して取り出す。

テクスチャーマット

模様をつける
テクスチャーマットの上にシュガーペーストを置き、めん棒で伸ばすと模様をつけることができる。

リボン

1. 帯状に切る
リボン用・帯用に長方形に切ったペーストを2つ用意する。

2. 組み立てる
両端が中央にくるようにふんわりと折り返し、ひっくり返して谷折りになるように中心をつまむ。

完成
3.
帯用のペーストを巻きつけて、少量のジンで止める。

POINT
- シュガーペースト同士や、シュガーペーストをクッキーに貼り付ける場合は、ジン(30度以上の無色透明のアルコールでも可)を筆で塗って接着するとよい。子供が食べる場合は、水や中間のアイシングで接着することもできる。

アイシングクッキー Q&A

Q アイシングが乾くと陥没してしまいます。

A アイシングの水分が多いと陥没しやすいです。ドライフルーツメーカーで乾燥させるか、水分を減らして作るとよいでしょう。

Q レシピに掲載されているクッキー型を持っていないときはどうしたらよいでしょうか？

A 厚紙やクリアファイルに型紙を描いて切り取り、クッキー生地の上にのせてナイフでカットするとよいです。

Q ニードルポイントのラインが真っすぐ引けません。

A 端から順にラインを描くとずれてきやすいです。真ん中に1本もしくは1/3ごとに目安のラインを引いておき、そこに合わせてラインを引くとよいです。

Q ニードルポイントの模様のデザイン方法は？

A 方眼紙にデザイン画を描いておきます。刺繍のデザイン集などを参考にするとよいでしょう。

Q ペイントをした後、表面が沈んでしまいました。

A 筆についている水分が多いと、表面のアイシングが溶けたり、にじみの原因になります。ジェルを多めの水で薄くした場合は、かならずキッチンペーパーなどで余分な水分を取り除いて描くようにしましょう。

Q 絵心がないので、ペイントをする自信がありません。

A まずは下絵を薄紙に描き、クッキーにのせてピックなどでなぞると下絵を写すことができます。下絵をなぞるように描くと、上手に作品が作れます。

Q ブラッシュエンブロイダリーの模様がきれいにでません。

A 絞るクリームが少ないとぼかしにくいので、ややたっぷりと絞ります。また、クリームが乾くとぼかせなくなるので、1枚ずつ仕上げるようにしましょう。筆はやわらかすぎるときれいに筋がつかないので、コシのある筆を使います。

Q 3Dクッキーの焼き方・焼き時間は？

A 日本ではまだ3Dクッキー用の型はあまり見かけません。ケーキ用・プリン用のシリコン型やステンレス型・アルミ型など、耐熱性の型に敷き込んだりかぶせたりして3Dクッキーを焼くことができます。素材によって焼き時間が違うので、焼き色を見ながら時間を調整し（温度は変更なし）、必ず裏側も焼けているかを確認しましょう。裏側が焼けていない場合は、ひっくり返して数分焼きましょう。

Part.2　テーマ別クッキー

❶ グレーフラワージャー

アイシング

ジャー
アウトライン：ブラウン＋ブラック／中間　塗りつぶし：ブラウン＋ブラック／やわらかい

蓋・ラベル
アウトライン・模様：ゴールデンイエロー＋ブラウンの濃淡／中間
塗りつぶし：ゴールデンイエロー＋ブラウンの濃淡／やわらかい

模様
バラ：レッド＋ブラウンの濃淡／やわらかい　リーフ：モスグリーン＋ブラウンの濃淡／やわらかい
文字：ブラウン＋ブラック／中間
ブラッシュエンブロイダリー：ホワイト／中間

材料
ジン：適量
ゴールドパールパウダー：適量

1. アウトラインを描き、蓋部分を塗りつぶす。ジャーを塗りつぶし、すぐにドットを2色重ねて絞る。

2. 乾く前にピックでのの字を描くようにしてバラ模様にする（P.10参照）。

3. さらにドットを2色重ねて絞り、ピックで斜め下に向かって引っ掻きハート模様のリーフを作る。

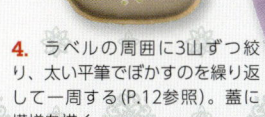

4. ラベルの周囲に3山ずつ絞り、太い平筆でぼかすのを繰り返して一周する（P.12参照）。蓋に模様を描く。

5. やわらかいアイシングでラベル部分を塗りつぶす。

6. 文字や模様を描き、ジンで溶いたゴールドパールパウダーで金彩する。

❷ ブルーフラワージャー

アイシング

ジャー
アウトライン：ロイヤルブルー＋ブラウン／中間
塗りつぶし：ロイヤルブルー＋ブラウン／やわらかい

蓋
アウトライン・模様：ブラック＋ブラウン／中間
塗りつぶし：ブラック＋ブラウン／やわらかい

模様
ツタ：モスグリーン＋ブラウン／中間
花：ホワイト／中間
文字：ブラウン＋ブラック／中間

材料
ジン：適量
ゴールドパールパウダー：適量

1. アウトラインを描き蓋部分を塗りつぶし、表面が乾いたらジャー部分を塗りつぶす。

2. 蓋部分に模様を描き、ジャーの周りにツタ模様を描いてその上に大小のしずく花を描く。

3. 中間のアイシング文字を描き、蓋に銀彩をする。

❸ アイボリーフラワージャー

アイシング

ジャー・蓋
アウトライン・模様：ゴールデンイエロー＋ブラウンの濃淡／中間
塗りつぶし：ゴールデンイエロー＋ブラウンの濃淡／やわらかい

模様
ツタ・文字：ブラック＋ブラウン／中間　リーフ：モスグリーン＋ブラウン／固め　花：ローズ＋ブラックの濃淡・ゴールデンイエロー＋ブラウン・ホワイト／中間

材料
ジン：適量
ゴールドパールパウダー：適量

1. アウトラインを描いて「ブルーフラワージャー」と同様に時間差で塗りつぶし、蓋の模様としずく花を描く。

2. 花びらとツタを描き、コルネの先をV字に切りリーフを絞る。

3. 文字を描き、ジンで溶いたゴールドパールパウダーで金彩する。

Part.2　テーマ別クッキー　21

Flower
フラワー

❶ダリア　坂本めぐみ

アイシング
アウトライン：ローズ＋ブラック/中間
塗りつぶし：ローズ＋ブラック/やわらかい
ブラッシュエンブロイダリー：ローズ＋ブラック・ホワイト/中間
花芯：ローズ＋ブラック・ホワイト/中間

1. ベースを塗りつぶしたもに外側から曲線を描き、水で湿らせた筆でぼかす。

2. 1周したら、さらに内側にも曲線を絞り同様にぼかす。

3. 4周まで同様に行い、中心に中間のアイシングでドットを絞り花芯にする。

22

❷ デイジー 坂本めぐみ

アイシング
アウトライン・花芯：ゴールデンイエロー＋ブラウンの濃淡/中間
塗りつぶし：ゴールデンイエロー＋マロンブラウン/やわらかい

1. 中心にピックなどで印をつけ、12枚の花びらのアウトラインを描く。
2. やわらかいアイシングで、1つとばしに花びらを塗りつぶす。
3. 時間差で間を塗りつぶし、中心が山高になるようにアイシングを絞り、その上にドットを絞る。

❸ ニゲラ 坂本めぐみ

アイシング
アウトライン・花芯：ロイヤルブルー＋ブラックの濃淡/中間
塗りつぶし：ロイヤルブルー＋ブラック/やわらかい
おしべ：ゴールデンイエロー＋マロンブラウン/中間

1. デイジー同様に6枚の花びらのアウトラインを描き、1つとばしに塗りつぶす。
2. すべてを塗りつぶしたら、おしべを描く。
3. 中心が山高になるように花心を絞り、ドットで埋める。

❹ リーフ 坂本めぐみ

アイシング
アウトライン：ゴールデンイエロー＋ブラック/中間
塗りつぶし：ゴールデンイエロー＋ブラック/やわらかい
ブラッシュエンブロイダリー：ホワイト/中間

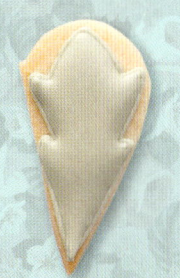  

1. アウトラインを描き、ベースを塗りつぶす。
2. 表面が乾いたら葉の縁にアイシングを絞る。
3. ジンを湿らせた筆で、内側に向かって筆でぼかす（P.12参照）。

❺ ローズ 水野恵美

アイシング
レモンイエロー＋ブラウン/固い
バイオレット＋クリスマスレッド＋ブラック/固い
シュガーペースト
リーフグリーン＋ブラウン
材料
食用シュガーパール：適量
アラザン：適量

1. 着色したシュガーペーストを型抜きし、ナイフで葉脈をつける。
2. 口金（2D）で中心からのの字を描くように固いアイシングを絞る。
3. 乾く前にパール・アラザンをつける。

Eyelet Lace
アイレットレース

生駒美和子

❶ アイレットレース A

アイシング
アウトライン・模様：ホワイト/中間
塗りつぶし：ホワイト/やわらかい
バラ：ゴールデンイエロー＋ブラウン/固い

1. アウトラインとレースの模様を描く。
2. 細かい部分はピックを使い塗りつぶす。
3. バラを絞り（P.13参照・口金101番）中間のアイシングでつけ、模様を描く。

❷ アイレットレース B

アイシング
アウトライン・模様：ホワイト/中間
塗りつぶし：ホワイト/やわらかい
バラ：ゴールデンイエロー＋ブラウン/固い

1. アウトラインとレースの模様を描く。
2. 細かい部分はピックを使い塗りつぶす。
3. 中間のアイシングで模様を描き、バラを中央につける。

❸ 透かしレース A

アイシング
アウトライン：ゴールデンイエロー
＋ブラウン／中間
塗りつぶし：ゴールデンイエロー＋
ブラウン／やわらかい
レース
アウトライン・模様：ホワイト／中間
塗りつぶし：ホワイト／やわらかい

1. ベースを塗りつぶし表面が乾いたら、中間のアイシングでレースを描く。
2. やわらかいアイシングを水で溶いて薄め、筆で塗る。
3. 模様を描き、仕上げる。

❹ 透かしレース B

アイシング
アウトライン：ゴールデンイエロー
＋マロンブラウン／中間
塗りつぶし：ゴールデンイエロー＋
マロンブラウン／やわらかい
レース
アウトライン・模様：ホワイト／中間
塗りつぶし：ホワイト／やわらかい

1. アウトラインを描きベースを塗りつぶす。
2. 中間のアイシングでレースを描き、やわらかいアイシングを水で溶いて薄め、筆で塗る。
3. ドットを描き、仕上げる。

Needle Point
ニードルポイント

❶❷イニシャル　生駒美和子

アイシング

アウトライン：レモンイエロー＋ブラウン／中間

塗りつぶし：レモンイエロー＋ブラウン／やわらかい

イニシャル塗りつぶし：レモンイエロー＋ブラウン／ややわらかい

模様

小花：スカイブルー＋ブラウン・レモンイエロー＋ブラウン・ノーテイストレッド＋オレンジ＋ブラウン／中間

リーフ：リーフグリーン＋ブラウン／固い

1. （プラーク小）アウトラインを外側と内側に描く。（プラーク大）アウトラインを描き、ラインを2本描く。

2. 縦横均一に格子模様を描く。

3. 格子模様の周りを塗りつぶす。

4. ややわらかいアイシング（P.8参照）でイニシャルの部分を1マスずつ塗りつぶす。

5. 同様に文字の部分を1マスずつ塗りつぶす。

6. 小花を描き、リーフ（P.13参照）を絞る。

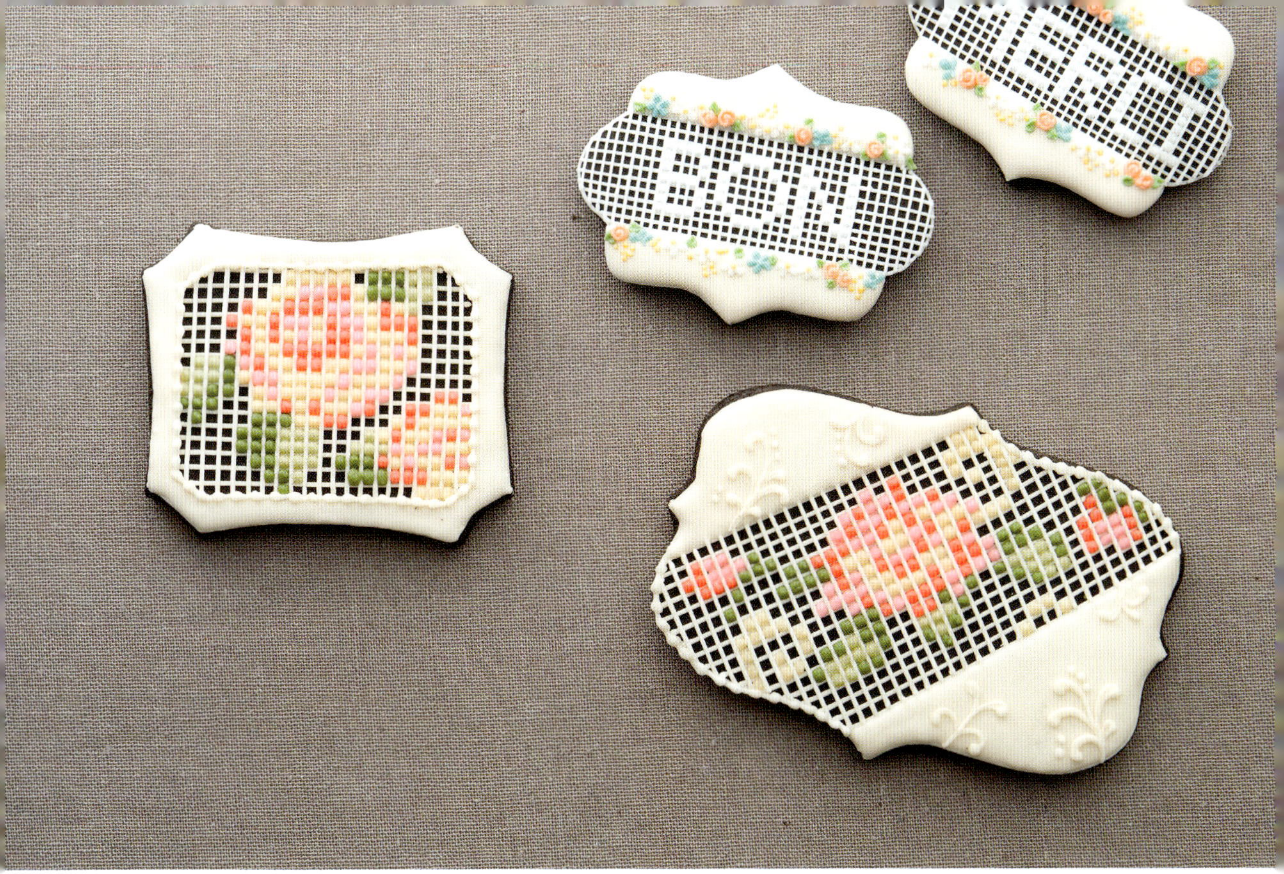

❸ バラ(大) [M' Respieu]

アイシング

アウトライン・模様:ゴールデンイエロー+ブラウン/中間

塗りつぶし:ゴールデンイエロー+ブラウン/やわらかい

バラ:クリスマスレッド+ブラウン・ピンク+ブラウン・ゴールデンイエロー/やややわらかい

リーフ:モスグリーン+ブラウンの濃淡/やややわらかい

1. アウトラインと格子模様を描き、周りを塗りつぶす。

2. やややわらかいアイシングでバラ(3色)を塗りつぶす。

3. リーフ(2色)を塗りつぶし、中間のアイシングで模様を描く。

❹ バラ(小) [M' Respieu]

アイシング

アウトライン・模様:ゴールデンイエロー+ブラウン/中間

塗りつぶし:ゴールデンイエロー+ブラウン/やわらかい

バラ:クリスマスレッド+ブラウン・ピンク+ブラウン・ゴールデンイエロー/やややわらかい

リーフ:モスグリーン+ブラウンの濃淡/やややわらかい

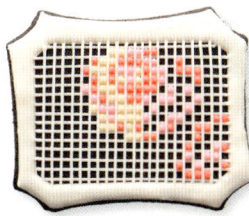

1. 格子模様の周りを塗りつぶし、やややわらかいアイシングでバラ(3色)を塗りつぶす。

2. リーフの部分(2色)を塗りつぶす。

3. 格子模様の周りにしずくを絞る。

Lemon
レモン

Petite

❶ プレート

アイシング
アウトライン:ホワイト/中間
塗りつぶし:ホワイト/やわらかい

模様
花びら:ホワイト/固い
花芯・しずく:ゴールデンイエロー/中間
枝:ブラウン+ブラック/中間
リーフ:モスグリーン/固い
文字・模様:ロイヤルブルー+ブラック+クリスマスレッド/中間

1. ベースを塗りつぶし表面が乾いたら、中間のアイシングで文字と模様を描く。

2. 茎を描き、コルネの先をV字に切り花びらとリーフを絞り(P.13参照)、花芯を描く。

3. 周りに中間のアイシングでしずくを絞って囲む。

❷ レモン

アイシング
アウトライン:ホワイト/中間
塗りつぶし:ホワイト/やわらかい

レモン
アウトライン:ゴールデンイエロー/中間
塗りつぶし:ゴールデンイエロー/やわらかい
模様:ホワイト/中間

模様
花びら:ホワイト/固い
花芯:ゴールデンイエロー/中間
リース:ブラウン+ブラック/中間
リーフ:モスグリーン/固い
しずく:ロイヤルブルー+ブラック+クリスマスレッド/中間

1. ベースが乾いたらレモンのアウトラインを描き、たっぷりと塗りつぶす。

2. リースになるようにラインを2重に描く。

3. 花やリーフを絞り、レモンのツヤを描き、周りにしずくを絞る。

❸ ラベンダー

アイシング
アウトライン:ホワイト/中間
塗りつぶし:ホワイト/やわらかい

レース
アウトライン:ロイヤルブルー+ブラック+クリスマスレッド/中間
塗りつぶし:ロイヤルブルー+ブラック+クリスマスレッド/やわらかい

模様
花・しずく・ドット:ロイヤルブルー+ブラック+クリスマスレッド/中間
茎:モスグリーン/中間
リボン:ゴールデンイエロー/中間
しずく:ホワイト/中間

1. ベースが乾いたら中間のアイシングでレースを描き、細かい部分はピックを使い塗りつぶす。

2. しずくとドットでレースを囲み、ラベンダーの茎を描き、ドットで花を描く。

3. 中間のアイシングでラベンダーの茎にリボンを描いて仕上げる。

Part.2 テーマ別クッキー

Modern Wedding
モダンウエディング

西田春美

❶ スクエア

アイシング
アウトライン：ブラックココアパウダー/中間
塗りつぶし：ブラックココアパウダー/やわらかい
模様：ゴールデンイエロー+ブラウン/中間
ドット：ホワイト・ローズ+ブラック/中間

材料
アラザン
食用シュガーパール
ゴールドパールパウダー：適量
ジン：適量

1. ベースを塗りつぶし、表面が乾いたら模様を描き、乾く前にアラザンをつける。
2. 中間のアイシングでドットを描く。
3. 金彩をし、中間のアイシングでパールをつける。

❷ モダンケーキ

アイシング
アウトライン：ホワイト・ブラックココアパウダー/中間
塗りつぶし：ホワイト・ブラックココアパウダー/やわらかい
模様：ゴールデンイエロー+ブラウン/中間
バラ：ホワイト/固い

材料
ゴールドパールパウダー：適量
ジン：適量

1. アウトラインを描き、時間差で塗りつぶす。
2. しずくを少しずらすようにして絞り、ハートを描く。
3. ジンで溶いたゴールドパールパウダーで金彩し、バラ(P.13参照・口金101)をつける。

❸ フラワー

アイシング
アウトライン：ブラックココアパウダー／中間
塗りつぶし：ブラックココアパウダー／やわらかい
模様：ホワイト／中間
バラ：レッド＋ブラウン／固い

1. ベースが乾いたら、中心から放射状にループを描く。

2. ループの先にドットを3つずつ描く。

3. バラを絞り（P.13参照・口金101s）乾かしたものを、中間のアイシングで中央につける。

❹ フレーム

アイシング
アウトライン：ブラックココアパウダー／中間
塗りつぶし：ブラックココアパウダー／やわらかい
模様：ホワイト／中間
バラ：レッド＋ブラウン／固い

1. ベースが乾いたら、中央から上下に4つ、左右に2つループを描く。

2. ループの周りにバランスよく模様を描いて囲む。

3. ドットを描き、バラ（P.13参照・口金101s）を中央に3つつける。

Color Embroidery & Color Needle
カラー刺繍＆カラーニードル

堀志穂

❶ パンジーエンブロイダリー(紫)

アイシング
アウトライン：スカイブルー＋ブラウン/中間
塗りつぶし：スカイブルー＋ブラウン/やわらかい
ブラッシュエンブロイダリー：バイオレットの濃淡・ゴールデンイエロー・モスグリーン/中間

1. 薄いバイオレットで曲線を描き、そのすぐ下に濃いバイオレットで曲線を描き、筆でぼかすのを繰り返し、花びらを3枚描く。

2. その下にさらに薄いバイオレットで曲線を描き、同様にぼかし、花びらを2枚描く。中心にイエローを絞り、外に向かってぼかす。

3. リーフを描き、葉脈のように中央に向かってぼかし、中央に中間のアイシングでラインを描く。

❷ パンジーエンブロイダリー(白)

アイシング
アウトライン：ピンク＋ブラウン/中間
塗りつぶし：ピンク＋ブラウン/やわらかい
ブラッシュエンブロイダリー：ホワイト・ゴールデンイエロー・モスグリーン/中間

1. ホワイトで曲線を描き、筆でぼかすのを繰り返し、花びらを4枚描く。

2. 5枚目はホワイトの曲線のすぐ下にイエローで曲線を描き、筆でぼかす。

3. リーフを描き、葉脈のようにぼかし、中央にラインを描く。

❸ パンジーニードル(紫)

アイシング
アウトライン:ホワイト/中間
塗りつぶし:ホワイト・バイオレットの濃淡・ゴールデンイエロー・モスグリーン/ややわらかい

1. アウトラインと格子模様を描き、薄いパープルの部分から塗りつぶす。

2. 濃いパープルの部分を塗りつぶす。

3. 花芯とリーフの部分を塗りつぶし、最後に背景をホワイトで塗りつぶす。

❹ パンジーニードル(白)

アイシング
アウトライン:ホワイト/中間
塗りつぶし:ホワイト・ゴールデンイエロー・モスグリーン・ピンク+ブラウン/ややわらかい

1. アウトラインと格子模様を描き、白の部分から塗りつぶす。

2. 花芯とリーフの部分を塗りつぶす。

3. 最後に背景をピンクで塗りつぶす。

Part.2 テーマ別クッキー 33

Kid's Toy
キッズトイ

❶ボール 池田まきこ

アイシング
アウトライン:ホワイト・ブラック・ゴールデンイエロー・ピンク+ゴールデンイエロー/中間
塗りつぶし:ホワイト・ブラック・ゴールデンイエロー・ピンク+ゴールデンイエロー/やわらかい
ドット:ブラック・ゴールデンイエロー・ピンク+ゴールデンイエロー/中間

マーガレット
花びら:ホワイト/中間
花芯:ゴールデンイエロー/中間

1. クッキングシートに放射状にしずくを絞り、中央にドットを描く。完全に乾いたらはがす。

2. アウトラインを描いて、すぐに全色塗りつぶす。

3. ドットを描き、中間のアイシングで中央にマーガレットをつける。

❷ トイボックス　三原裕美

アイシング
模様・組み立て：ロイヤルブルー＋ブラウン＋ブラック／中間

1. 0.5cm厚のクッキーを焼く（広い側面10cm×3.5cm×2枚・狭い側面3.5cm×3.5cm×2枚・底10cm×4.5cm×1枚）。

2. 中間のアイシングでクッキーを組み立ててしっかり乾かす。組み立てた後、全面に模様を描く。

3. 縦に2本ラインを描く（実際は組み立てたクッキーに描いていく）。

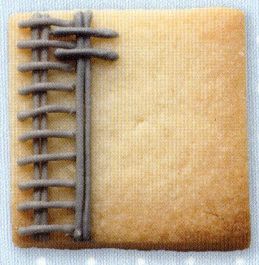

4. 縦のラインをまたぐように1本分のスペースを空けながら横のラインを描く。

5. 横ラインの終わりに重ねるように縦に2本ラインを描き、横のラインの間にラインを描く。この工程を繰り返す。

6. 角にも模様を描き、縁と底部分にロープ状にラインを描く。

❸ 木馬　池田まきこ

アイシング
アウトライン：ホワイト・ブラック／中間
塗りつぶし：ホワイト・ブラック／やわらかい
鞍
アウトライン・ドット：ピンク＋ゴールデンイエロー／中間
塗りつぶし：ピンク＋ゴールデンイエロー／やわらかい
ドット：ホワイト／やわらかい
模様
たてがみ・尾：ブラック／中間
口輪：ゴールデンイエロー／中間
リーフ・ツタ：モスグリーン／中間
小花：ゴールデンイエロー／中間

1. ベースが乾いたら鞍のアウトラインを描き塗りつぶし、すぐにやわらかいアイシングでドットを描く。

2. リーフとツタ・口輪・ドットを描き、小花をつける。

3. 尾の模様を描き、たてがみはしずくを2重に絞る。

❹ ベビーキューブ　池田まきこ

アイシング
アウトライン：ブラック・ゴールデンイエロー・ピンク＋ゴールデンイエロー／中間
塗りつぶし：ブラック・ゴールデンイエロー・ピンク＋ゴールデンイエロー／やわらかい
ボーダー：ホワイト／やわらかい
模様
ドット：ブラック／中間
アルファベット：モスグリーン／中間
囲み：ピンク＋ゴールデンイエロー／中間

1. アウトラインを描いて時間差で塗りつぶし、乾く前にボーダーを描く。

2. 四角で囲み、模様とドットを描く。

3. アルファベットを描き、バランスよくリーフと実を描き、花をつける。

Part.2　テーマ別クッキー　35

Handkerchief
ハンカチ

林稜子

❶ ホワイト

アイシング
アウトライン・イニシャル・模様:ホワイト/中間
塗りつぶし:ホワイト/やわらかい

1. アウトラインを描き、ベースを塗りつぶす。
2. イニシャルを描き、周りを曲線で縁取る。
3. イニシャルの周りにしずく花やドットを描き仕上げる。

❷ ブルー

アイシング
アウトライン・小花:スカイブルー+ブラウン/中間
塗りつぶし:スカイブルー+ブラウン/やわらかい
イニシャル・模様:ホワイト/中間

1. アウトラインとレースの模様を描く。
2. 細かい部分はピックを使い塗りつぶす。
3. レースの周りを囲み、イニシャルや模様を描く。

❸ ローズ

アイシング
アウトライン:ピンク+ブラウン/中間
塗りつぶし:ピンク+ブラウン/やわらかい
イニシャル・模様:ホワイト/中間
模様
バラ:ピンク+ブラウン/やわらかい
リーフ:モスグリーン+ブラウン/やわらかい

1. アウトラインを描き塗りつぶし、乾く前にドットを絞りピックでの字を描いてバラ模様にする。
2. さらにドットを絞り、ピックで斜め下に向かって引っ掻きリーフを作る。
3. ベースが乾いたら、中間のアイシングでイニシャルとレースを描く。

Part.2 テーマ別クッキー 37

3D Butterfly & Flower
3Dバタフライ&フラワー

Mon Cheri

❶❷❸3Dバタフライ

アイシング
アウトライン・模様：ローズ＋ブラック・レモンイエロー＋ブラウン/中間
塗りつぶし・模様：ローズ＋ブラック・レモンイエロー＋ブラウン/やわらかい
3Dバタフライ：ゴールデンイエロー＋ブラウン/中間

材料
ゴールドパールパウダー：適量

1. 下書きの上に半分に折ったクッキングシートを置き、蝶々の羽根を描きしっかり乾かしておく。

2. アルミホイルを谷折りに折って、中央にドットを絞り左右の羽根をつける。ゴールドパールパウダーを乾いた筆で塗る。

3. ピンクのバタフライはベースを塗りつぶし、模様とドットを描く。

4. アイボリーのバタフライはベースを塗りつぶし、すぐに2本ラインを描きピックで内側に向かって引っ掻き、中心にドットを絞る。

5. 中間のアイシングで3Dバタフライをつける。
※壊れやすいので、いくつか予備を作っておくとよい。

❸❹ 3Dフラワー

アイシング
アウトライン:バイオレット+ブラック・レモンイエロー+ブラウン/中間
塗りつぶし:バイオレット+ブラック・レモンイエロー+ブラウン/やわらかい
3D花芯:ゴールデンイエロー+ブラウン/中間

材料
ゴールドパールパウダー:適量
ショートニング:適量

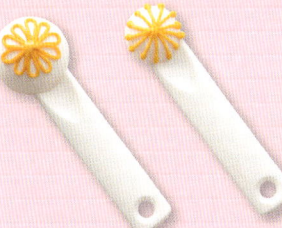

1. 計量スプーン(小さじ又は小さじ1/2)の裏に薄くショートニングを塗り、花芯を描く。

2. しっかり乾かした後そっと上に持ち上げてはがし、ゴールドパールパウダーを乾いた筆で塗る。

3. 中間のアイシングでアウトラインを描く。

4. 1つとばしで塗りつぶす。

5. 表面が乾いたら、残りも塗りつぶす。

6. 中間のアイシングで3D花芯をつける。

Part.2 テーマ別クッキー 39

Babyshower
ベビーシャワー

西田春美

❶ローズ柄ケーキ・スタイ・ロンパース

アイシング
アウトライン：クリスマスレッド＋ブラウン/中間
塗りつぶし：クリスマスレッド＋ブラウン/やわらかい
模様
バラ：クリスマスレッド＋ブラウンの濃淡/やわらかい
リーフ：モスグリーン＋ブラウンの濃淡/やわらかい
しずく・レース：ホワイト/中間
フリル：ホワイト/固い

1. スタイとロンパースのそれぞれにアウトラインを描く。

2. ベースを塗りつぶし、すぐにドットを2色重ねて絞り、乾く前にピックでのの字を描いてバラ模様にする。

3. さらにドットを2色重ねて絞り、ピックで斜め下に向かって引っ掻きハート模様のリーフにする。

4. ケーキにレースを描き、縁にドットを絞る。

5. スタイの縁に、ジグザグを2重に描く。

6. コルネの先7mmを斜めにカットし、ロンパースのウエスト部分にフリルを2重に絞る。

❷ ドット柄スタイ・ロンパース

アイシング
アウトライン:クリスマスレッド＋ブラウン/中間
塗りつぶし:クリスマスレッド＋ブラウン/やわらかい

模様
ドット:クリスマスレッド＋ブラウン/やわらかい
レース・ドット・リボン:ホワイト/中間

1. アウトラインを描いてベースを塗りつぶし、すぐにドットを絞る。

2. ロンパースの襟元にドットとリボンを描く。

3. スタイにリボン・レースを描く。

❸ ハート

アイシング
アウトライン:クリスマスレッド＋ブラウン/中間
塗りつぶし:クリスマスレッド＋ブラウン/やわらかい

模様
レース・ドット・文字:ホワイト/中間

1. ベースが乾いたら、中間のアイシングでハートを描く。

2. レースとドットを描く。

3. 文字を描いて仕上げる。

Part.2　テーマ別クッキー　41

Quilting
キルティング

Lumos

❶ スクエアローズ

アイシング
アウトライン・ドット：ゴールデンイエロー＋ブラウン/中間
塗りつぶし：ゴールデンイエロー＋ブラウンの濃淡/やわらかい

模様
バラ：クリスマスレッド＋ブラウン/やわらかい
リーフ：モスグリーン/やわらかい

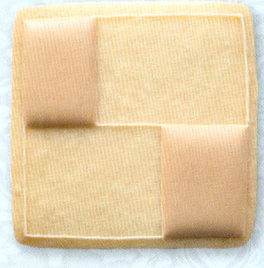

1. アウトラインを描き、やわらかいアイシングで茶色部分を塗りつぶす。

2. アイボリーで塗りつぶし、乾く前にドットを絞りピックでのの字を描いてバラ模様にし、ドットを引っ掻きリーフにする。さらにドットを絞り、ピックで引っ掻きリーフにする。

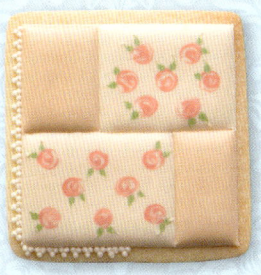

3. 中間のアイシングで周りにドットを描き仕上げる。

❷ スクエアキルティング

アイシング
アウトライン・ドット・しずく：ゴールデンイエロー＋ブラウンの濃淡/中間
塗りつぶし：ゴールデンイエロー＋ブラウンの濃淡/やわらかい
バラ：クリスマスレッド＋ブラウン/固い
リーフ：モスグリーン/固い

1. アウトラインと中心に円を描き、円の外側に格子状のラインを描く。

2. 細かい部分はピックを使い、1つとばしで塗りつぶす。時間差で残りの部分も塗りつぶす。

3. 中央に絞ったバラ（P.13参照・口金101s）を3つつけ、間にリーフを絞る（P.13参照）。しずくとドットを描き仕上げる。

❸ ラウンドキルティング

アイシング
アウトライン・ドット・しずく：ゴールデンイエロー＋ブラウン/中間
塗りつぶし：ゴールデンイエロー＋ブラウン・スカイブルー＋ブラック・ローズ＋ブラック/やわらかい
ブラッシュエンブロイダリー・ドット：ゴールデンイエロー＋ブラウン/中間
バラ：クリスマスレッド＋ブラウン/固い
リーフ：モスグリーン/固い

1. 3山ずつ曲線を描き、細筆でぼかすのを繰り返し、縁を1周する（P.12参照）。

2. 2周目も同様に曲線を描き、筆でぼかす。

3. アウトラインと格子状のラインを描く。

4. 細かい部分はピックを使い、1つとばしで塗りつぶす。時間差で残りの部分も塗りつぶす。

5. ブラッシュエンブロイダリーとキルティングの境目にしずくを絞る。

6. ドットを描き、「スクエアキルティング」と同様に絞ったバラを付け間にリーフを絞る。

Part.2 テーマ別クッキー　43

Ballet
バレエ

Mon Sucre

❶ レオタード

アイシング

アウトライン・模様：ノーテイストレッド＋ブラウン・ロイヤルブルー＋ブラウン・バイオレット＋ブラウン・バーガンディ＋ブラウン・ゴールデンイエロー＋ブラウン/中間

塗りつぶし：ノーテイストレッド＋ブラウン・ロイヤルブルー＋ブラウン・バイオレット＋ブラウン・バーガンディ＋ブラウン・ゴールデンイエロー＋ブラウン/やわらかい

リーフ：モスグリーン＋ブラウン/中間

シュガーペースト

フリル：ノーテイストレッド＋ブラウン・ロイヤルブルー＋ブラウン・バイオレット＋ブラウン・バーガンディ＋ブラウン

材料

ジン：適量

1. アウトラインを描き、ベースを塗りつぶす。

2. 1mm厚に伸ばしたシュガーペーストをスポンジマットの上に置き、シェイパーツールで押さえて手前に引きフリルを作る。

3. フリルを2×5cmにはさみでカットし、少しひだを寄せながらジンでつける。

4. 中間のアイシングでブルーのレオタードに模様を描き、ピンクのレオタードにバラとリーフを描く。

5. えんじ色のレオタードに、中間のアイシングでクロスラインとしずくを絞る。

6. パープルのレオタードの肩部分に、1.5×1.5cmにはさみでカットしたフリルを扇状にして貼り付ける。レオタードとフリルの境目にジグザグを絞る。

❷巾着袋

アイシング
アウトライン・模様：ノーテイストレッド＋ブラウン・バーガンディ＋ブラウン・ゴールデンイエロー＋ブラウン/中間 塗りつぶし：バーガンディ＋ブラウン・ゴールデンイエロー＋ブラウン/やわらかい

バレエシューズ
アウトライン・リボン：バイオレット＋ブラウン・バーガンディ＋ブラウン/中間 塗りつぶし：バイオレット＋ブラウン・バーガンディ＋ブラウン/やわらかい

シュガーペースト
袋の口：ノーテイストレッド＋ブラウン・バーガンディ＋ブラウン・ゴールデンイエロー＋ブラウン

材料
ジン：適量

1. シュガーペーストを薄く伸ばし、2色重ねて一緒に伸ばす。
2. 1.5×8cmにカットしてアイボリーを内側にして、ひだを寄せ輪になるようにジンでつける。
3. ベースが乾いたら、ハート型にアウトラインを描いて塗りつぶしバレエシューズを描く。リボンや模様を描き仕上げる。

❸ブーケ

アイシング
バラ：ノーテイストレッド＋ブラウン・ゴールデンイエロー＋ブラウン・バイオレット＋ブラウン/固い
茎：モスグリーン＋ブラウン/中間
リーフ：モスグリーン＋ブラウン/固い

材料
食用シュガーパール：適量

1. 中間のアイシングで5本交差させて茎を描く。
2. バラを絞り乾かしたもの（P.13参照・口金101s）とシュガーパールをつける。
3. コルネの先をV字に切り、リーフを絞る（P.13参照）。

Part.2 テーマ別クッキー　45

Dress
ドレス

高橋悦子

❶ ドレス

アイシング
アウトライン：レモンイエロー＋ブラウン/中間
塗りつぶし：レモンイエロー＋ブラウン・ピンク＋ブラウン/やわらかい
模様・ブラッシュエンブロイダリー：レモンイエロー＋ブラウン/中間

材料
アラザン：適量
食用シュガーパール：適量

1. アウトラインを描く。
2. 1か所ベースを塗りつぶす。 
3. 時間差で残りの部分も塗りつぶす。 
4. 3山ずつ曲線を描き、筆でぼかすのを繰り返し1列描く（P.12 ブラッシュエンブロイダリー参照）。 
5. 同様に下から順に曲線を描きぼかすのを繰り返しフリルを作る。 
6. 中間のアイシングで模様を描き、アラザンとシュガーパールをつける。 

❷❸ 花

アイシング
アウトライン：レモンイエロー＋ブラウン・ピンク＋ブラウン/中間
塗りつぶし：レモンイエロー＋ブラウン・ピンク＋ブラウン/やわらかい
ブラッシュエンブロイダリー：レモンイエロー＋ブラウン・ピンク＋ブラウン・ホワイト/中間

材料
食用シュガーパール：適量

1. アウトラインを描き、ベースを塗りつぶす。
2. ピンクの花はアイボリー1色、アイボリーの花はピンク・白の2色でブラッシュエンブロイダリーをする（P.12参照）。 
3. 中央にシュガーパールを2段重ねてつける。  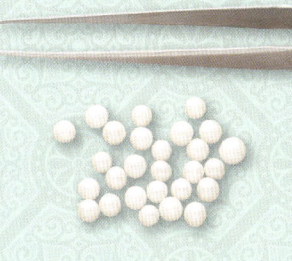

Part.2 テーマ別クッキー 47

Tea Time
ティータイム

❶二段ケーキ　上田美希

アイシング
アウトライン・模様：スカイブルー＋ブラック／中間
塗りつぶし：ホワイト・スカイブルー＋ブラック／やわらかい
リボン：ロイヤルブルー＋ブラック／中間

材料
アラザン

1. コルネの先を太く切り、中間のアイシングでアウトラインを描く。

2. 時間差でベースを塗りつぶす。

3. 中間のアイシングでケーキとエタージェラのアウトラインを描く。

4. やわらかいアイシングで時間差で塗りつぶす。

5. やわらかいアイシングでドットを描き、乾く前に周りにアラザンをつける。

6. 中間のアイシングでリボンやレースを描き仕上げる。

❷ マカロン　上田美希

アイシング
アウトライン・模様：スカイブルー＋
ブラック/中間
塗りつぶし：ホワイト/やわらかい
マカロン
マカロン：スカイブルー＋ブラック・
ローズ＋ブラウン/中間
クリーム：ホワイト/中間

1. 「二段ケーキ」と同様にベースが乾いたら、エタージェラのアウトラインを描き塗りつぶす。

2. 中間のアイシングでマカロンを描き、間にドットを絞りクリームを描く。

3. 中間のアイシングでエタージェラにリボンを描く。

❸ ティーセット　一色綾子

アイシング
アウトライン・模様：ホワイト/中間
塗りつぶし：スカイブルー＋ブラック・ホワイト/やわらかい
模様
バラ：ローズ＋ブラウン＋ブラック/やわらかい
リーフ：モスグリーン/やわらかい
材料
アラザン

1. アウトラインを描き、やわらかいアイシングでブルーの部分を塗りつぶす。

2. 時間差で塗りつぶし、乾く前にドットを絞りピックでのの字を描いてバラ模様にする。さらにドットを絞り、ピックで引っ掻きリーフを作る。

3. 中間のアイシングで持ち手と模様を描き、蓋のつまみにアラザンをつける。

Part.2　テーマ別クッキー　49

Wreath
リース

島田さやか

❶❷リース

アイシング
アウトライン・レース：ホワイト・ロイヤルブルー＋ブラウン/中間
塗りつぶし：ホワイト・ロイヤルブルー＋ブラウン/やわらかい

1. アウトラインとレースの模様を描く。

2. 細かい部分はピックを使い塗りつぶす。

3. 中間のアイシングで文字や模様を描き、花とリーフ(P.13参照)をつける。

❷5枚花(口金101)

アイシング
花びら：リーフグリーン・ロイヤルブルー＋ブラウン/固い
材料
ノンパレル

1. フラワーネイルを反時計回りに回しながら、口金の細い方を外側に向けて軽く上下に口金を動かすようにアイシングを絞り出し、花びらを1枚絞る。

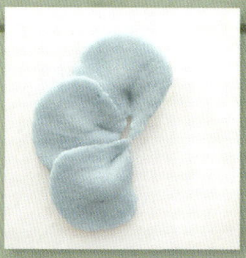

2. 2枚目以降は1つ前の花びらの下に口金をさし込むようにして絞り始める。花びらを1枚絞るごとに、中心に向かって切る。

3. 最後の花びらは1枚目を削らないように、少し口金を立てながら絞り終え、立っている花びらは筆で寝かせる。ドットを絞り花芯を作る。

❸マーガレット(口金101s)

アイシング
花びら：ホワイト・クリスマスレッド＋ロイヤルブルー＋ブラウン/固い
材料
ノンパレル

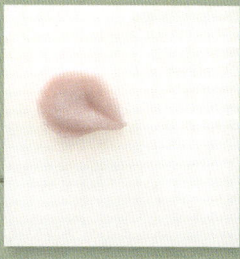

1. フラワーネイルを反時計回りに回しながらアイシングを絞り出し、軽く上下に口金を動かしながら小さな花びらを1枚絞る。

2. 2枚目以降は1つ前の花弁の下に口金をさし込むようにして絞り始め、合計7枚絞る。

3. 最後の花びらは1枚目を削らないように、少し口金を立てながら絞り終え、立っている花びらは筆で寝かせる。ドットを絞り花芯を作る。

❹マム(口金101・口金101s)

アイシング
花びら：ホワイト・クリスマスレッド＋ロイヤルブルー＋ブラウン・リーフグリーン/固い
材料
ノンパレル

1. 5枚花同様の絞り方で、外側に小さな花びらを10〜12枚絞る。

2. 1段目の上に、やや内側に花びらを8〜9枚絞る。

3. 3段目は中心に隙間が空かないように、花びらを3〜5枚絞る。内側になるにつれ、口金を立てるようにするとよい。

Part.2 テーマ別クッキー 51

Birdcage
バードケージ

松浦絵美

1 シャンデリア

アイシング
ステンシル：ホワイト/やややわらかい

1. クッキーにステンシルシートをかぶせ、マスキングテープで固定する。
2. パレットナイフでアイシングを塗りつけ、余分なアイシングを取り除く。 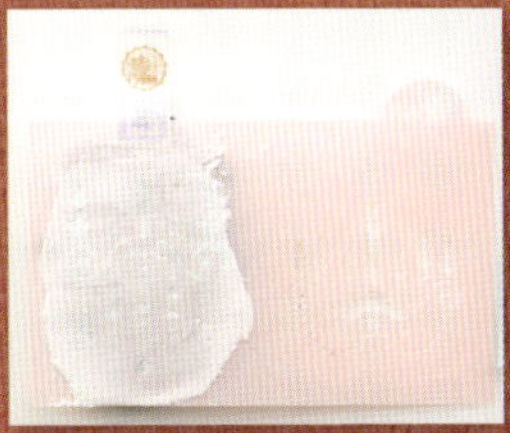
3. ステンシルシートを真上にゆっくりはがす。 

2 for you

アイシング
ステンシル：ホワイト/やややわらかい
接着用：ホワイト/中間を追加
材料
アラザン
リボン（食用ではない）

1. シャンデリアと同様に、ステンシルシートで模様をつける。
2. 中間のアイシングでアラザンをリース状につける。 
3. リボンをつけて仕上げる。 

3 バードケージ

アイシング
ステンシル：ホワイト/やややわらかい
アウトライン：ホワイト/中間
塗りつぶし：ホワイト/やわらかい
材料
アラザン
リボン（食用ではない）

1. ステンシルシートで模様を付ける。 
2. アウトラインとレースの模様を描く。 
3. 細かい部分はピックを使い塗りつぶし、アラザンとリボンをつけて仕上げる。

Swan

スワン

宮﨑典恵

❶ 白鳥

アイシング
アウトライン・模様：ホワイト・ブラック+バイオレット・ゴールデンイエロー+ブラウン/中間
塗りつぶし：ホワイト・ブラック+バイオレット・ゴールデンイエロー+ブラウン/やわらかい
ブラッシュエンブロイダリー：ホワイト/中間

1. 中間のアイシングでアウトラインを描き、時間差で塗りつぶす。

2. 羽根1枚分ずつ曲線を描き、筆でぼかすのを繰り返し1列目を完成させる（P.12ブラッシュエンブロイダリー参照）。

3. 同様に2列目以降もブラッシュエンブロイダリーを繰り返し、羽根全体を仕上げる。

❷ 1枚羽根

アイシング
アウトライン・模様：ホワイト・モスグリーン+ロイヤルブルー+ブラウン/中間
塗りつぶし：ホワイト・モスグリーン+ロイヤルブルー+ブラウン/やわらかい
羽根：ホワイト/固い

1. ベースが乾いたら、口金101でしずくを絞り、中央に筆で筋をつける。

2. 羽根の形になるように合計5枚絞り、その都度筋をつける。

3. 中間のアイシングで羽軸と模様を描き、縁にしずくを絞り仕上げる。

❸ ハート2枚羽根

アイシング
アウトライン：モスグリーン+ロイヤルブルー+ブラウン/中間
塗りつぶし：モスグリーン+ロイヤルブルー+ブラウン/やわらかい
羽根：ホワイト/固い
しずく：ホワイト/中間

1. ベースが乾いたら、口金101でしずくを合計8枚をカーブを描くように絞り、その都度中央に筆で筋をつける。

2. 左右に2列ずつ絞り羽根を作ったら、羽根の上部に長めのしずくを絞る。

3. 縁にしずくを2つ組み合わせたハートを描く。

Part.2 テーマ別クッキー 55

Frame
フレーム

❶モザイクフレーム 山内友恵

アイシング
アウトライン・しずく：ブラウン/中間
塗りつぶし：ブラウン/やわらかい
モザイク模様
アウトライン：ブラック・ピンク＋ブラック/中間
塗りつぶし：ブラック・ピンク＋ブラック/やわらかい
材料
ゴールドパールパウダー：適量

1. ベースが乾いたら、中間のアイシングでモザイクのアウトラインを描く。
2. 細かい部分はピックを使い塗りつぶす。 
3. 縁にしずくを描き、乾いた筆でゴールドパールパウダーをつけて仕上げる。 

❷スクエアフレーム 山内友恵

アイシング
アウトライン：ブラウン/中間
塗りつぶし：ブラウン/やわらかい
模様：ゴールデンイエロー＋ブラウン/中間
材料
ジン：適量
ゴールドパールパウダー：適量
アラザン

1. アウトラインを描き、ベースを塗りつぶす。
2. 中間のアイシングで模様を描く。 
3. ジンで溶いたゴールドパールパウダーで金彩し、アラザンをつける。 

❸波型フレーム 中村さゆり

アイシング
アウトライン：ブラック/中間
塗りつぶし：ブラック/やわらかい
模様：ブラウン/中間
シュガーペースト
バラ：ピンク＋ブラック

1. アウトラインを描き、ベースを塗りつぶす。
2. 中間のアイシングで模様を描く。 
3. モルドでバラを作り（P.16参照）中間のアイシングでつける。  

❹丸型フレーム 中村さゆり

アイシング
アウトライン：ブラック/中間
塗りつぶし：ブラック/やわらかい
模様：ピンク＋ブラック/中間
シュガーペースト
リボン：ピンク＋ブラック
材料
ジン：適量
食用シュガーパール

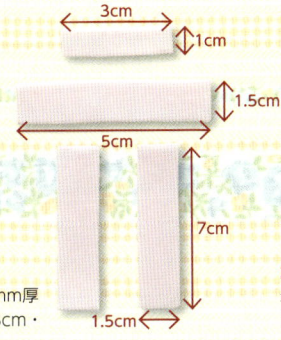

1. シュガーペーストを1mm厚に伸ばしカットする（1×3cm・1.5×7cm2本・1.5×5cm）。
2. リボンを作り（P.16参照）、垂れの部分は2箇所ひだを寄せて2本作成する。 
3. ベースが乾いたら模様を描き、ジンでリボンをつける。中間のアイシングでシュガーパールをつけて仕上げる。 

Part.2 テーマ別クッキー 57

Color Embroidery
カラー刺繍

松本あや香

❶ 小鳥

アイシング
アウトライン・囲み：オレンジ＋ブラウン/中間
塗りつぶし：オレンジ＋ブラウン/やわらかい

模様
鳥：レモンイエロー＋ブラウン・ホワイト/中間
花：ローズ＋ブラウンの濃淡/中間
ツタ・リーフ：リーフグリーン＋レモンイエロー＋ブラウンの濃淡/中間
小花・模様：ホワイト/中間

1. ベースが乾いたら、コルネの先を細めに切り中間のアイシングで鳥の形にジグザグに描く。しずくとドットで目、口、尾を描く。

2. 中間のアイシングで渦状のバラ模様を描く。

3. ジグザグやしずく、ドットを組み合わせて、小花や模様を描いて仕上げる。

❷ フラワー

アイシング
アウトライン：オレンジ＋ピンク＋ブラウン/中間
塗りつぶし：オレンジ＋ピンク＋ブラウン/やわらかい

模様
花びら：バイオレット＋ブラウンの濃淡/中間
花芯：レモンイエロー＋ブラウン/中間
リーフ：リーフグリーン＋レモンイエロー＋ブラウンの濃淡/中間
小花・模様：オレンジ＋ピンク＋ブラウン/中間
囲み：ホワイト/中間

1. ベースが乾いたら、花びらの外側部分を薄い紫でジグザグに描く。

2. 少し重ねるようにして、濃い紫をジグザグに描く。

3. ドットの花芯やその他の模様を描いて、周りをジグザグ・ドットで囲む。

❸ ハート

アイシング
アウトライン・囲み：オレンジ＋ブラウン/中間
塗りつぶし：オレンジ＋ブラウン/やわらかい

模様
花びら：オレンジ＋ピンク＋ブラウン/中間
花芯：レモンイエロー＋ブラウン/中間
ツタ・リーフ：リーフグリーン＋レモンイエロー＋ブラウン/中間

1. ベースが乾いたら、コルネの先を細めに切り中間のアイシングでハート形にジグザグに絞る。

2. 花びらや葉の形にジグザグに絞り、つぼみは3〜4本のラインを描く。

3. 花の中央にドットで花芯を描き、周りをドットで囲む。

Part.2 テーマ別クッキー

Color Lace
カラーレース

高橋悦子

❶ カラーレースA

アイシング
アウトライン・ドット：レモンイエロー＋ブラウン/中間
塗りつぶし：レモンイエロー＋ブラウン/やわらかい
ジグザグ・しずく：ホワイト/中間
レース・模様：ロイヤルブルー＋ブラウン/中間
ドット：レモンイエロー＋ブラウン/中間

1. ベースが乾いたら、レースのラインとしずくを組み合わせてハートを描く。
2. ラインをまたぐようにジグザグに絞る。
3. ドットをピラミッド状に描き、その周りにレースを描く。

❷ カラーレースB

アイシング
アウトライン・ドット：レモンイエロー＋ブラウン/中間
塗りつぶし：レモンイエロー＋ブラウン/やわらかい
しずく・ドット・レース：ホワイト/中間
ドット・ジグザグ・模様：ロイヤルブルー＋ブラウン/中間

1. ベースが乾いたら、中間のアイシングで曲線や模様を描く。
2. 周りにレースのラインを描き、ラインをまたぐようにジグザグに絞る。
3. ドットやレースを描き、しずくを絞り仕上げる。

❸ カラーレースC

アイシング
アウトライン・ドット：レモンイエロー＋ブラウン/中間
塗りつぶし：レモンイエロー＋ブラウン/やわらかい
ドット：ホワイト・レモンイエロー＋ブラウン/中間
網目模様：ロイヤルブルー＋ブラウン・レモンイエロー＋ブラウン/中間
ジグザグ：ロイヤルブルー＋ブラウン/中間

1. ベースを塗りつぶし表面が乾いたら、レースのラインを描く。
2. ラインの上をまたぐように、中間のアイシングでジグザグ絞りをする。
3. 中に網目模様を描き、しずくやドットを描き仕上げる。

Part.2 テーマ別クッキー 61

Bridal
ブライダル

❶ バラ（口金101） 石井亜希子

アイシング
花びら：オレンジ/固い
花芯：ホワイト/中間
材料
ノンパレル

1. 直径8mmの平たい円を絞り、周りに3枚花びらを絞る（P.13参照）。
2. 2周目は少し外側に広がるように3枚絞る。 
3. 3周目はさらに外側に広がるように3枚絞り、真ん中の空洞部分に中間のアイシングをたっぷりと絞りノンパレルをつける。 

❷ ドレス・ケーキ・ウェディングボード 石井亜希子

アイシング
アウトライン：ホワイト/中間
塗りつぶし：ホワイト/やわらかい
リーフ：モスグリーン＋ブラウン/固い
ツタ：モスグリーン＋ブラウン/中間
文字：ブラウン/中間

1. アウトラインを描き、ベースを塗りつぶす。 
2. ケーキにツタの模様を描く。 
3. バランスよくバラをつけ、隣にリーフを絞り、プレートに文字を描いて仕上げる。

❸スクエアリボン 片島裕奈

アイシング
アウトライン：ホワイト/中間
塗りつぶし：ホワイト/やわらかい
シュガーペースト
リボン：オレンジ
材料
アラザン：適量
食用シュガーパール
ゴールドパールパウダー
ジン：適量

1. シュガーペーストを1mm厚に伸ばす。
2. 6×6cm・1.5×3cmにカットする。 
3. ベースにシュガーペースト（大きいほう）の中央をつまんでひだを寄せ、リボンの形にしてジンで貼り付ける。 
4. 中央に小さいほうを巻きつける。 
5. シュガーパールとアラザンをつける。 
6. 乾いた筆でゴールドパールパウダーをつけて仕上げる。

Part.2 テーマ別クッキー 63

3D Heart
ハートドーム

生駒美和子

64

❶ハートドーム(ローズ)
❷ハートドーム(文字)

アイシング
模様・文字:ホワイト/中間
薔薇:スカイブルー+バイオレット
+ブラウンの濃淡/固い
シュガーペースト
ベース:スカイブルー+バイオレット
+ブラウン
オーバル菊型:ホワイト
材料
リボン(食用ではない)
ジン:適量

1. シュガーペーストをクッキーよりも一回り大きく、3mm厚に伸ばす(クッキーの焼き方はP.7参照)。

2. 薄くジンを塗りクッキーに貼り付ける。

3. クッキーからはみ出た部分をナイフでカットする。

4. 一回り小さいハート型で、ハートの印をつける。

5. 印の上にしずくを組み合わせたハートを描き、中央に文字を描く。

6. 中央に型抜きしたペーストと絞ったバラ(P.13参照・口金101s)をつけ、リボンとともに中間のアイシングで2枚のハートを貼り合わせる。

❸ハートドーム(雪の結晶)

アイシング
模様:スカイブルー+バイオレット
+ブラウン/中間
シュガーペースト
ベース:ホワイト
材料
リボン(食用ではない)
ジン:適量
アラザン
食用シュガーパール
シルバーパールパウダー

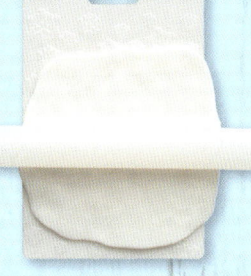

1. シュガーペーストをテクスチャーマットの上で、クッキーより一回り大きく伸ばす(3mm厚)(P.16参照)。

2. ジンでクッキーに貼り付け、はみ出た部分をカットし、中間のアイシングで雪の結晶を描き、アラザンとシュガーパールをつける。

3. リボンを挟んで中間のアイシングで組み立て、乾いた筆でシルバーパールパウダーをつけて仕上げる。

Part.2 テーマ別クッキー

3D Egg
エッグドーム

パピヨン

❶エッグドーム（ペイズリー）
❷エッグドーム（アラベスク）

アイシング
- **ベース**：モスグリーン＋レモンイエロー／ややわらかい
- **模様**：ブラウン＋ブラック／中間
- **ロザス・シェル絞り**：ブラウン＋ブラック／固い
- **リーフ**：モスグリーン／固い

1. 焼き上がったエッグドーム形のクッキーの表面と切り口を、ピーラーなどで削りなめらかにする（P.7参照）。

2. ややわらかいアイシングを、上からゆっくりとかける。

3. 表面が乾いたら、さらにもう一度アイシングをかける（2度がけ）。

4. しっかりと乾かし、縁からはみ出したアイシングを切り取りなめらかにする。

5. 中間のアイシングでペイズリー模様を描く。

6. 縁にシェル絞り（口金16番）をする。

7. もう1つは、曲線を組み合わせ、アラベスク模様を描く。

8. 大きな隙間を空けないように、全体に模様を描く。

9. 縁にシェル絞りをし、ロザス（口金16番）とリーフ（P.13参照）を中間のアイシングで貼り付ける。

Part.2　テーマ別クッキー　67

Part.3　ペインティングクッキー

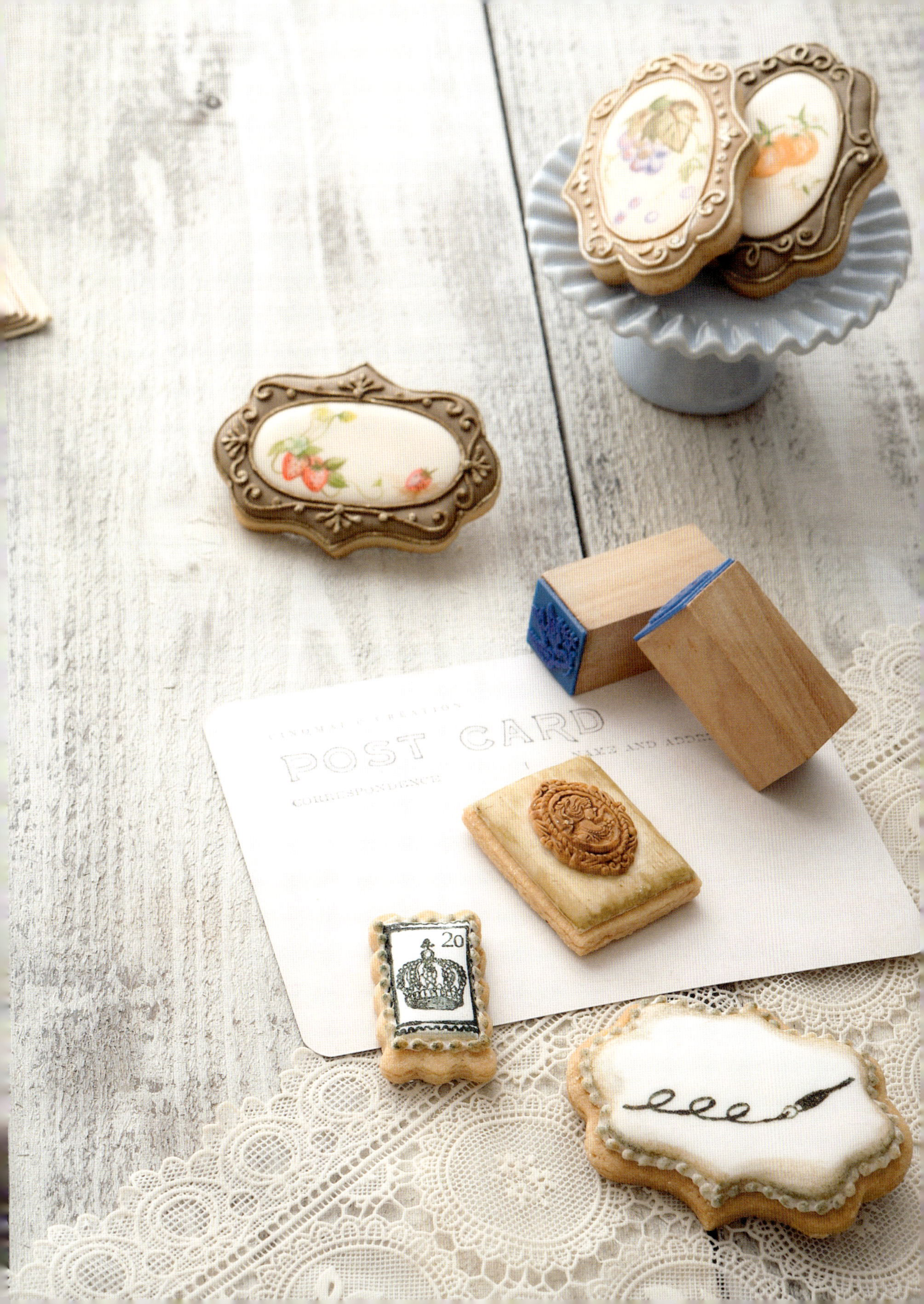
POST CARD
CORRESPONDENCE

Denim
デニム

片島裕奈

❶ レースデニム

ペイント使用色：ロイヤルブルー・ホワイト

アイシング
アウトライン：ロイヤルブルー＋ブラック/中間
塗りつぶし：ロイヤルブルー＋ブラック/やわらかい
レース・ステッチ：ホワイト/中間
チェーン・鍵：ブラウン＋イエロー/中間

シュガーペースト
ブラウン＋イエロー

材料
ジン：適量
ゴールドパールパウダー：適量

1. ベースを塗りつぶし完全に乾いたら、水で溶いたロイヤルブルーでラインを描く。

2. 同様にホワイトでラインを描き、縦横ランダムにデニムの模様を描いていく。

3. レース模様を中間のアイシングで描く。

4. 着色したシュガーペーストを丸めて平たくし、スタンプを押して余分な部分ははさみで切る。

5. ジンでシュガーペーストをつけ、ステッチ・チェーンと鍵を描く。

6. ゴールドパールパウダーで金彩をして仕上げる。

❷ リボンデニム

ペイント使用色：ロイヤルブルー・ホワイト・クリスマスレッド・ローズ・ブラウン・モスグリーン

アイシング
アウトライン：ロイヤルブルー＋ブラック/中間
塗りつぶし：ロイヤルブルー＋ブラック/やわらかい
レース・ステッチ：ホワイト/中間

シュガーペースト
ブラウン＋イエロー

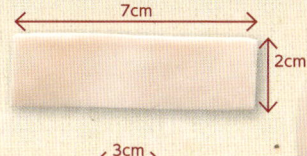

1. 「レースデニム」と同様にベースを作っておく。着色したシュガーペーストを3mm厚に伸ばし、2×7cmと0.8×3cmの帯状にナイフで切る。

2. 両端を中心に持ってきてつまみ、ひっくり返して短い帯を巻きつける(P.16参照)。

3. バラ模様を描き、ある程度乾いたらベースのクッキーにジンで貼り付ける。

❸ ラベルデニム

ペイント使用色：ロイヤルブルー・ホワイト

アイシング
アウトライン：ロイヤルブルー＋ブラック/中間
塗りつぶし：ロイヤルブルー＋ブラック/やわらかい
ステッチ：ブラウン/中間
文字：ブラウン＋ブラック/中間
バラ：ブラウン・ブラウン＋ローズ/固い

シュガーペースト
ブラウン＋イエロー

材料
ココアパウダー
アラザン
ジン：適量
ゴールドパールパウダー：適量

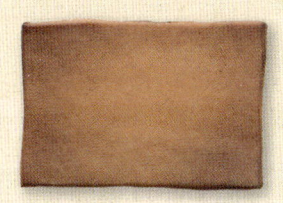

1. 着色したシュガーペーストを3mm厚に伸ばし3.5×5cmにナイフで切り、ココアパウダーを乾いた筆で塗ってビンテージ感をだす。

2. 「レースデニム」と同様に作ったデニム風クッキーにジンで貼り付け、中間のアイシングでステッチと文字を描く。

3. 角にアラザンを埋め込むようにしてつけ、中間のアイシングでバラをつけてゴールドパールパウダーで金彩する(P.9参照)。

Part.3 ペインティングクッキー

Chalk Board
チョークボード

森智子

❶ メニューボード　❷ キャンドル　❸ ガラスディスペンサー

ペイント使用色：ホワイト
アイシング
アウトライン：ブラックココア+ブラック/中間
塗りつぶし：ブラックココア+ブラック/やわらかい
お花：ゴールデンイエロー+ブラウン・ローズ+ブラウン・ローズ+ブラック/固い
リーフ：モスグリーン/固い
材料
アラザン

1. ブラックココアとブラックジェルで真っ黒のアイシングを作る。

2. ブラックベースを塗りつぶし、完全に乾かす。

3. クッキーに転写する下絵を準備しておく。

4. クッキーの上に下絵を置き、ピックでなぞって跡をつける。

5. 筆にホワイトとごく少量の水をつけて、下絵に沿ってクッキーにペイントする。

6. 中間のアイシングでバラ（P.13参照・口金マーポロ101s）をつけ、間にリーフ（P.13参照）やドットを絞る。

❹ 帽子

ペイント使用色：ホワイト
アイシング
アウトライン：ブラックココア+ブラック/中間
塗りつぶし：ブラックココア+ブラック/やわらかい
お花：ローズ+ブラック/固い
材料
食用シュガーパール

1. 絞り出したあと手首をひねりスワイルフラワーを作り（口金ウィルトン224番）乾く前にシュガーパールをのせる。

2. 筆にホワイトとごく少量の水をつけて、下絵に沿ってクッキーに描く。

3. 中間のアイシングでレース（食用ではない）とスワイルフラワーをつける。

❺ トルソー

ペイント使用色：ホワイト
アイシング
アウトライン：ブラックココア+ブラック/中間
塗りつぶし：ブラックココア+ブラック/やわらかい
材料
アラザン
食用シュガーパール

1. 塗りつぶしたベースにピックで下絵を描き、ホワイトでトルソーを描く。

2. トルソーの左右に2か所、バランスよく模様を描く。

3. 中間のアイシングでシュガーパールとアラザンをのせ、ネックレスにする。

Part.3　ペインティングクッキー　73

Pattern
パターン

❶ 大理石　片島裕奈

ペイント使用色：ブラック
アイシング
アウトライン：ホワイト/中間
塗りつぶし：ローズピンク+ブラック・ブラック・ホワイト/やわらかい
模様：ゴールデンイエロー+ブラウン/中間
シュガーペースト
ローズピンク+ブラック
材料
ジン：適量
ゴールドパールパウダー：適量

1. 中間のアイシングで、アウトラインを描く。

2. 3色のアイシングでベースをランダムに塗りつぶし、ピックでマーブル模様にする。

3. ブラックのカラージェルで、ヒビのような模様を描く。

4. モルドに白→パープルの順にシュガーペーストを詰めてカメオを作る。

5. 四隅に中間のアイシングで模様を描く。

6. カメオの周りとアイシングの縁にしずくを絞り、ジンで溶いたゴールドパールパウダーを塗る。

❷モザイク 西岡麻子

アイシング
アウトライン：ホワイト/中間
塗りつぶし：ローズピンク＋ブラック・ブラック濃淡・ホワイト/やわらかい
模様：ゴールデンイエロー＋ブラウン/中間

シュガーペースト
ローズピンク＋ブラック

材料
ジン：適量
ゴールドパールパウダー：適量

1. アウトラインを描き、4色のやわらかいアイシングを持ちかえながら（隣同士が同じ色にならないように）大き目のドットを隙間を空けず詰めて描く。

2. 周りに中間のアイシングで2重にレースを描き、間にドットを描く。

3. 中間のアイシングでカメオを貼り、ジンで溶いたゴールドパウダーで金彩する。

❸ギンガムチェック 西岡麻子

アイシング
アウトライン：ホワイト/中間
塗りつぶし：ホワイト・ブラック濃淡/やわらかい

シュガーペースト
ローズピンク＋ブラック

材料
ゴールドパールパウダー：適量
ジン：適量

1. 中間のアイシングで、チェックを分ける線を縦横等間隔で引く。

2. 3色それぞれのアイシングでマーキングする。色を持ちかえながら1マスずつ手早く塗りつぶす。

3. カメオを貼り、縁に模様を描く。ジンで溶いたゴールドパールパウダーを塗って仕上げる。

Part.2 テーマ別クッキー 75

Garden
ガーデン

①ジョウロ　松本あや香

ペイント使用色: ブラウン・ブラック
アイシング
アウトライン: ゴールデンイエロー
＋ブラウン/中間
塗りつぶし・持ち手: ゴールデンイエロー＋ブラウン/やわらかい
ジョウロの先、上部
アウトライン: ホワイト/中間
塗りつぶし: ホワイト/やわらかい
ジョウロの模様
ブラック/中間

1. アウトラインを色別にすべて描き、時間差で塗りつぶす。

2. ジョウロの先にドットを描き、持ち手部分は縁取りせずにやわらかいアイシングで直接描く。

3. 表面が乾いたら、水で溶いたカラージェルでペイントする。

76

❷ 立て札 <small>松本あや香</small>

ペイント使用色：ブラウン
アイシング
塗りつぶし：ホワイト/やわらかい
接着用：ホワイト/固い

1. クッキーの上面・サイドに、平筆で白のやわらかいアイシングを塗る。
2. 固いアイシングでクッキーを組み立て、水で溶いたカラージェルで文字を描く。
3. さらに水でうすめたカラージェルで木目風に模様を描く。

❸ プランター <small>松本あや香</small>

ペイント使用色：ブラウン・ブラック・ホワイト
アイシング
プランター
アウトライン・持ち手：ブラック/中間
塗りつぶし：ブラック/やわらかい
持ち手：ゴールデンイエロー+マロンブラウン/やわらかい
リーフ
モスグリーン+リーフグリーン/中間
ラベンダー
バイオレット+マロンブラウン/中間
ミモザ
ゴールデンイエロー+マロンブラウン/中間
すずらん
ホワイト/中間

1. プランターのベースが乾いたら水に溶いたカラージェルでペイントする。中間のアイシングでリーフと花を描く。
2. ミモザは茎を描いた後、コルネをV字に切りリーフを絞り（P.13）、花や持ち手を描く。バランスよく実を描き仕上げる。
3. 2.より深くV字に切ったコルネでリーフを描き、中心のラインと茎を描く。花はドットを絞った後、ピックで引っ掻く。

❹ うさぎ <small>石川久未</small>

ペイント使用色：ブラウン+ゴールデンイエロー・ホワイト
アイシング
アウトライン：ブラウン+ゴールデンイエロー/中間
塗りつぶし：ゴールデンイエロー+ブラウン・ホワイト/やわらかい
ラベンダー
モスグリーン+ロイヤルブルー/中間
バイオレット+ブラウン/中間
目
ブラック・ホワイト・ブラウン+ゴールデンイエロー/中間
ドット：モスグリーン/中間

1. アウトラインを描き、耳・お腹以外を塗りつぶす。すぐに白でお腹と耳を塗り、色の境目をピックで円を描くようにしてなじませる。
2. 中間のアイシングで目を描き、ラベンダーをウサギの手の上下に描いて持っているようにする。
3. カラージェルで背中・耳の部分に毛並みを描く

❺ ピクニックバスケット <small>石川久未</small>

ペイント使用色：ブラウン+ブラック・ホワイト
アイシング
バスケット・ボトルの栓
アウトライン・模様：ブラウン+ゴールデンイエロー/中間
塗りつぶし：ゴールデンイエロー+ブラウン・ホワイト/やわらかい
ラベンダー
モスグリーン+ロイヤルブルー/中間
バイオレット+ブラウン/中間
ハンカチ・ラベル
アウトライン・模様：ホワイト/中間
塗りつぶし：ホワイト/やわらかい
ボトル
アウトライン：モスグリーン+ロイヤルブルー/中間
塗りつぶし：モスグリーン+ロイヤルブルー/やわらかい

1. アウトラインを描き、バスケット・ハンカチ上部・ボトルを塗りつぶし、網目模様を描く。
2. ボトルのラベル・栓を塗りつぶす。ハンカチの下の部分のアウトラインを描き、ハンカチ全体を塗りつぶす（上部は2度塗り）。
3. ハンカチのレース・ラベンダーを描く。水で溶いたカラージェルでボトルとバスケットにペイントして光や陰影をつける。

Part.3 ペインティングクッキー

Angel
エンジェル

宮崎典恵

❶天使(花冠)
❷天使(ロウソク)

アイシング
服
ブラック/中間・やわらかい
顔手足
ブラウン/中間・やわらかい
髪の毛
ゴールデンイエロー＋ブラウン/中間・やわらかい
ロウソク
クリスマスレッド＋ブラウン・ゴールデンイエロー/中間・やわらかい
花冠
モスグリーン＋ブラウン・スカイブルー・ピンク＋オレンジ＋ブラウン/中間
羽根
ホワイト/固い

1. 中間のアイシングでアウトラインを色別にすべて描く。

2. やわらかいアイシングで髪・服を1つとばしに塗りつぶす。

3. 表面が乾いたら真ん中を塗り、手・顔・ろうそくも塗りつぶす。

4. ろうそくの模様や花冠を中間のアイシングで描く。

5. バラ口金(101番)をつけたコルネで、上から1列しずくのように絞る。

6. 少し重ねながら、羽根の形になるように4列絞る。

❸ハート

ペイント使用色：ブラウン
アイシング
アウトライン:ブラウン/中間
塗りつぶし:ブラウン/やわらかい
羽根
ホワイト/固い

1. ハートを塗りつぶしベースが乾いたら、水でうすめたブラウンのカラージェルで縁をぼかす。

2. 細筆で文字を描く。

3. 「天使」と同様に羽根を4列ずつ絞る。

Part.3 ペインティングクッキー 79

Texture
テクスチャー

80

1 ラフ塗り 島田さやか

ペイント使用色：ブラウン
アイシング
ホワイト・ロイヤルブルー＋ブラウン/固い
花
クリスマスレッド＋ロイヤルブルー＋ブラウン/固い
リーフ
ロイヤルブルー＋ブラウン/固い

1. クッキーに、ミニパレットナイフを使って固いアイシングを塗る。

2. パレットナイフでクッキーからはみ出た部分をきれいにそぎ取る。

3. アイシングが乾く前に、ピックなどでハートの模様をつける。

4. アイシングが乾いたら、ブラウンのカラージェルで文字を描く。

5. コルネの先をV字に切り、中心から外側に向かってリーフを絞る（P.13を連続で絞る）。

6. 中間のアイシングで、絞って乾かした花（P.51参照）をのせる。

2 木目調アイシング M' Respieu

ペイント使用色：ブラウン
アイシング
ベース
ブラック・ホワイト/固い
ロザス
ロイヤルブルー＋ブラック濃淡/固い
ツタ
モスグリーン/中間
リーフ
モスグリーン/固い

1. 「ラフ塗り」と同様に固いアイシングを塗り周りをきれいにし、ピックで2本横ラインを入れる。

2. アイシングが乾く前に、ピックで穴をあける。

3. 水で溶いたブラウンで横にラインを入れて木目調にする。中間のアイシングでツタを描き、先をV字に切ったコルネでリーフを絞り、ロザス（P.13参照・口金16番）をつける。

Stamp
スタンプ

杉本ともこ

①うさぎ

ペイント使用色：ブラウン

アイシング
アウトライン：ローズ+ブラウン/中間
塗りつぶし：ローズ+ブラウン/やわらかい

1. ベースを塗りつぶし完全に乾いたら、水で薄めたブラウンでぼかしてアンティーク感をだす。

2. スタンプに筆でカラージェルを塗る。

3. スタンプを押して、リボン（食用ではない）を中間のアイシングでつける。

82

❷ 万年筆

ペイント使用色：ブラウン・ブラック
アイシング
アウトライン・シェル絞り：ブラウン/中間
塗りつぶし：ブラウン/やわらかい

1. ベースを塗りつぶし、周りにしずくを絞る。
2. 周りに水で溶いたジェルを筆で塗って、ぼかす。 
3. ブラックジェルを塗ったスタンプを押して完成。 

❸ 切手

ペイント使用色：ブラウン・ブラック
アイシング
アウトライン・しずく：ブラウン/中間
塗りつぶし：ブラウン/やわらかい

1. ベースを塗りつぶし完全に乾いたら、ブラックのカラージェルを塗ったスタンプを押す。
2. 中間のアイシングで周りにしずくを絞る。 
3. 水で溶いたブラック+ブラウンで、縁にぼかしを入れて仕上げる。 

❹ 封筒

ペイント使用色：ブラウン
アイシング
アウトライン：ブラウン/中間
塗りつぶし：ブラウン/やわらかい
シュガーペースト
ブラウン

1. アウトラインを描き、時間差で塗りつぶして完全に乾かす。水で薄めたブラウンで縁をぼかし、文字を描く。
2. シュガーペーストを平たくしてスタンプを押し、余分な部分をはさみで切って手で形を整える。 
3. さらにブラウンのカラージェルで色をつけ、乾いたら中間のアイシングでベースにつける。 

❺ 懐中時計

ペイント使用色：ブラウン
アイシング
アウトライン：リーフグリーン+ブラウン/中間
塗りつぶし：ピンク+バイオレット+ブラウン・リーフグリーン+ブラウン/やわらかい
材料
ゴールドパールパウダー

1. アウトラインを描き、2色ランダム（ピンクを多め）に塗りつぶしてピックでマーブル模様にする。完全に乾いたら、「封筒」同様縁をブラウンでぼかす。
2. ステンシルシートをかぶせて固定し、ブラウンのカラージェルを筆で塗る。 
3. シートをはがして乾かし、表面に乾いた筆でゴールドパールパウダーを塗る。 

Part.3 ペインティングクッキー 83

Elegant Flower
エレガントフラワー

❶ リボンフラワー saku × saku

ペイント使用色：レッド+ブラウン・ロイヤルブルー・ブラウン・グリーン・ホワイト

アイシング
アウトライン：ブラウン+レモンイエロー／中間
塗りつぶし：ブラウン+レモンイエロー／やわらかい
模様：ブラウン+レモンイエロー／中間

材料
ゴールドパールパウダー：適量
ジン：適量

1. ベースを塗り縁にしずく模様を描き、平筆を使ってレッド+ブラウンでリボンを描く。
2. リボンの濃くしたい部分に色を重ね、濃淡をつける。 
3. バラの輪郭を描いた後、濃淡をつけ、仕上げにゴールドパールパウダーで金彩する。 

❷ 薔薇 生駒美和子

ペイント使用色：ノーテイストレッド・ホワイト・バイオレット+ホワイト・モスグリーン

アイシング
アウトライン：ブラウン+レモンイエロー／中間
塗りつぶし：ブラウン+レモンイエロー濃淡／やわらかい
模様：ブラウン+レモンイエロー／中間

材料
ゴールドパールパウダー：適量
ジン：適量

1. 焼く前のクッキーに一回り小さい丸型で印をつけて焼き、時間差で塗りつぶす。バラやリーフ・ドットを描く。
2. ホワイトでバラの花びらの模様を描く。 
3. 周りに模様を描き、ジンで溶いたゴールドパールパウダーで金彩する。 

❸ アネモネ 辻千恵

ペイント使用色：クリスマスレッド・ブラック・リーフグリーン+ブラック・レモンイエロー+ブラウン

アイシング
アウトライン：ブラウン+レモンイエロー／中間
塗りつぶし：ブラウン+レモンイエロー／やわらかい
ドット：ブラウン+レモンイエロー／中間

材料
ゴールドパールパウダー：適量
ジン：適量

1. ベースを塗りつぶして完全に乾かし、水で溶きて薄めた赤で花びらを5〜6枚描く。中心は、内側から外側に筆を動かすとよい。
2. 細筆で、水を減らし濃く溶いた赤で花びらの筋を描く。 
3. ブラックで輪郭や花芯を描く。 
4. ブラック+グリーンの濃淡でリーフを描く。 
5. ブラウン+イエローのジェルを水で溶き、平筆で周りを囲む。 
6. 少量のジンで溶いたゴールドパールパウダーを平筆にとり、囲みのラインとドットに塗る。 

Part.3 ペインティングクッキー 85

Motif
モチーフ

Aglaia

86

❶パフュームボトル
❷ガーリールーム

ペイント使用色：ブラウン・ローズ・ブラック・オレンジ
アイシング
アウトライン：ホワイト/中間
塗りつぶし：ホワイト/やわらかい
ドット：ブラックココア・ホワイト/中間

1. ベースを塗りつぶして完全に乾かしたものに、ブラックで輪郭を描く。

2. 水で溶いたカラージェルで中を塗りつぶす。

3. 黒と白のドットでお花のように縁を囲む。

❸ハイヒール
❹スプレーパフュームボトル

ペイント使用色：ホワイト・リーフグリーン・クリスマスレッド・ブラウン
アイシング
アウトライン・ドット：ブラックココア/中間
塗りつぶし：ブラックココア/やわらかい
ドット：ブラックココア・ホワイト/中間

1. ブラックベースを塗りつぶして完全に乾かしたものに、ホワイトのカラージェルで輪郭を描く。

2. 水で溶いたカラージェルで中を塗りつぶす。

3. 黒と白のアイシングで、お花のようにドットで縁を囲む。

❺ストライプ&リボン

ペイント使用色：ホワイト
アイシング
アウトライン：ブラックココア・ホワイト/中間
塗りつぶし：ブラックココア・ホワイト/やわらかい
ドット：ブラックココア・ホワイト/中間
リボン：クリスマスレッド+レモンイエロー/中間
材料
グラニュー糖
食用シュガーパール

1. ブラックとホワイト半分ずつベースを塗りつぶして完全に乾かしたものに、濃い白になるよう平筆で2回ずつなぞりストライプを描く。

2. リボンのアウトラインを描き、中も中間のアイシングで塗りつぶす。

3. リボンが乾く前にグラニュー糖をふりかけ、中心にアラザンを付けて縁にドットを描く。

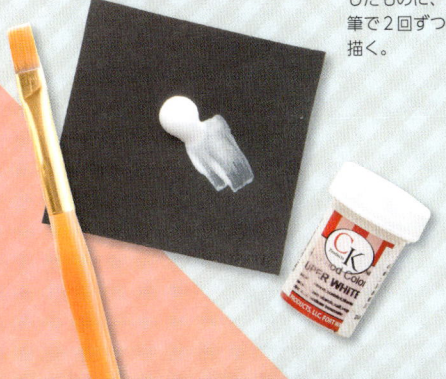

Part.3　ペインティングクッキー　87

Fruit
フルーツ

saku × saku

❶フレーム

アイシング

フレーム
アウトライン・模様：マロンブラウン
＋ロイヤルブルーの濃淡／中間
塗りつぶし：マロンブラウン＋ロイ
ヤルブルーの濃淡／やわらかい

中央部分
塗りつぶし：レモンイエロー＋ブラ
ウン／やわらかい

材料
ゴールドパールパウダー：適量
ジン：適量

1. 楕円部分はピックなどで跡をつけておき、クッキーにアウトラインを描く。

2. 時間差で塗りつぶす。

3. 中間のアイシングで模様を描き、ゴールドパールパウダーで金彩する。

❷ オレンジ

ペイント使用色：オレンジ・レモンイエロー・ブラウン・モスグリーン・ホワイト

1. ベースが完全に乾いたら、オレンジの実を描く。
2. リーフと花を描き足していく。
3. オレンジにホワイトで光を入れ、下に影をつける。

❸ グレープ

ペイント使用色：バイオレット・レッド・ブラウン・モスグリーン

1. ベースが完全に乾いたら、リーフを描く。
2. ブドウの実を描き足していく。
3. ツタとリーフを描いて仕上げる。

❹ ストロベリー

ペイント使用色：レッド・レモンイエロー・ブラウン・モスグリーン・ホワイト

1. ベースが完全に乾いたら、イチゴの実を描く。
2. ヘタとリーフを描き足していく。
3. ツタと花・種を描いて仕上げる。

Part.3　ペインティングクッキー　89

Antique Letter
アンティークレター

山根英梨子

❶ レター

ペイント使用色：ブラウン
アイシング
アウトライン：レモンイエロー＋ブラウン／中間
塗りつぶし：レモンイエロー＋ブラウン／やわらかい

1. 塗りつぶしたベースの縁を、外側から内側に向かって水で溶いたブラウンでぼかすようにする。

2. 細筆を使って、リボンと横ラインを6本描く。

3. フランス語で文字やサインを描いて仕上げる。

❷ ウサギの絵

ペイント使用色：ブラウン
アイシング
アウトライン：レモンイエロー＋ブラウン／中間
塗りつぶし：レモンイエロー＋ブラウン／やわらかい

1. 「レター」の1.と同様に、ベースをアンティーク調にしたものにウサギの輪郭を薄くおおまかに描く。

2. 色を重ねていき、毛並みを描き陰影をつけて立体感をだす。

3. 草・文字・まつ毛を描いて仕上げる。

❸ 羽ペン

ペイント使用色：ブラウン
アイシング
アウトライン：レモンイエロー＋ブラウン／中間
塗りつぶし：レモンイエロー＋ブラウン／やわらかい
羽根の模様：レモンイエロー＋ブラウン／中間

1. 羽根を塗りつぶし、コルネの先を擦れさせるようにして羽根を数本描く。

2. 下にいくにつれて太くなるように、羽根の真ん中に羽軸を描く。

3. 水で溶いたカラージェルを、内側から外側に1本1本描く。

Part.3 ペインティングクッキー

❶ シルエットバタフライ

ペイント使用色：ブラウン
アイシング
ブラック/中間
アウトライン：ホワイト/中間
塗りつぶし：ホワイト/やわらかい

1. クッキングシートでシルエットを作り、しっかりと乾かしておく。

2. 白く塗りつぶしてしっかり乾いたベースに、少量の水で溶いたブラックのカラージェルをスタンプに塗って押す。

3. スタンプが乾いたら縁にしずくを絞る。中間のアイシングを胴部分に絞り、羽根をつけ、アルミホイルで固定して乾かす。

❷ モノトーンバタフライ

ペイント使用色：ブラック
アイシング
アウトライン：ホワイト/中間
塗りつぶし：ホワイト/やわらかい

1. ベースを塗りつぶし完全に乾いたら、ブラックで輪郭を描く。

2. 羽根の中を模様になるようにブラックで塗っていく。

3. 中間のアイシングで縁にしずくを絞る。

Butterfly
バタフライ

パピヨン

❸ パンジー＆バタフライ

ペイント使用色：ブラック・モスグリーン・ゴールデンイエロー・ロイヤルブルー・ローズ
アイシング
アウトライン：ホワイト/中間
塗りつぶし：ホワイト/やわらかい

1. ブラックで全体の輪郭を描く。
2. 全体のバランスを見ながら文字を描く。 
3. 水で薄めたカラージェルで塗りつぶす。 

❹ スズラン

ペイント使用色：ブラック・モスグリーン
アイシング
アウトライン・しずく：ホワイト/中間
塗りつぶし：ホワイト/やわらかい

1. ベースを塗りつぶし、しっかりと乾かしたらブラックで輪郭を描く。
2. グリーンでリーフを塗りつぶす。 
3. 文字を描き、周りにしずくを絞って仕上げる。 

Part.2 テーマ別クッキー 93

Landscape
Painting
風景画

mippu

❶エッフェル塔

ペイント使用色:ブラウン・モスグリーン・レモンイエロー

アイシング
アウトライン:ホワイト/中間
塗りつぶし:ホワイト/やわらかい

自転車
ブラウン/中間

花籠
モスグリーン・ローズ・レモンイエロー/中間

エッフェル塔
ブラウン/中間

1. しっかりと乾かしたベースに、少量の水で溶いた濃いブラウンでエッフェル塔や木の輪郭を描く。

2. その周りの木々はモスグリーン・イエロー・ブラウンの3色で陰影をつけながらペインティングする。

3. 薄いブラウンで消印を描き、クッキーの外側から内側に向かい、濃いブラウン→薄いブラウンになるようにグラデーションをつける。アイシングで自転車と花籠を描く。

❷フランスの街並み

ペイント使用色:ブラウン・ブラック・レモンイエロー・ピンク・スカイブルー・ロイヤルブルー・オレンジ・クリスマスレッド

アイシング
アウトライン:ホワイト/中間
塗りつぶし:ホワイト/やわらかい

草花
モスグリーン・レモンイエロー・ローズ/中間

1. 筆を使って薄目に下絵を描き、家に色を塗る。

2. 家の枠組みを濃いブラウンで描き、空を描く。

3. アイシングで草花を描く。

❸セーヌ川

ペイント使用色:ブラウン・オレンジ・レモンイエロー・ブラック・ロイヤルブルー・スカイブルー・モスグリーン

アイシング
アウトライン:ホワイト/中間
塗りつぶし:ホワイト/やわらかい

建物・橋
ホワイト/中間・やわらかい

街灯
ブラック・オレンジ/中間

灯り
レモンイエロー/中間

木々
モスグリーン/中間

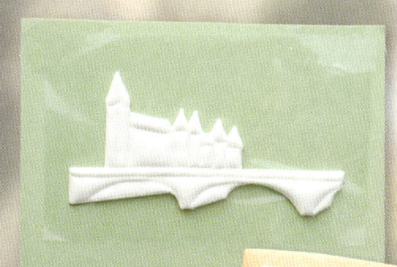

1. クッキングシートの上に建物と橋のシルエットを描いて塗りつぶし、完全に乾かしておく。

2. 塗りつぶしたベースが乾く前にはがしたシルエットを置き、木々をアイシングで描く。

3. 建物・橋・木(陰影)・川・空をペインティングし、光と街頭をアイシングで描く。お好みで額縁を周りに描く。

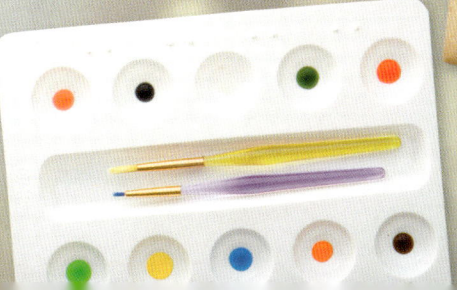

Part.3 ペインティングクッキー 95

著者プロフィール

一般社団法人　日本サロネーゼ協会(JSA)

代表理事　桔梗 有香子(ききょう ゆかこ)

2013年8月に一般社団法人　日本サロネーゼ協会を設立。
『好きを仕事に出来る輝く女性を創り出す』を理念に、自身のスキルを活かして自宅で教室を開く『サロネーゼ』の輩出とサポートを行っている。多数の講師育成・女性の雇用創出・子育てママの活躍などの高い社会貢献が評価され、『協会アワード2015』で、大賞となる『文部科学大臣賞』を受賞。

サロネーゼ協会は、日本で初めてアイシングクッキーとデコカップのケーキの講師認定講座を開設し、現在1700名を超える講師が協会に所属し全国各地で活躍している。初心者が12時間で講師になれる独自のカリキュラム、世界最先端の技術が学べる上級講座、卒業後のフォロー・スキルアップ、イギリス研修旅行、オリジナルの材料や道具販売など、講師になった後も学び続けられる環境を常に提供し、活躍をサポートしている。

講座詳細は、ホームページをご覧ください。
一般社団法人　日本サロネーゼ協会　http://salone-ze.com

STAFF

撮影	村上佳奈子
スタイリング	上田浩美　五十嵐明貴子　廣高都志子
制作	畑ちとせ　吉岡佐樹子　福井直子
製作アシスタント	日本サロネーゼ協会アイシングクッキー認定講師
カバーデザイン	ME&MIRACO CO.,Ltd
デザイン	宮下晴樹(有限会社ケイズプロダクション)
編集・構成	山田稔(有限会社ケイズプロダクション)

＊読者のみなさまへ
本書の内容に関するお問い合わせは、お手紙かメール(info@TG-NET.co.jp)にて承ります。恐縮ですが、電話でのお問い合わせはご遠慮ください。

フレンチアンティークなアイシングクッキー

2015年9月1日　初版第1刷発行
2019年7月10日　初版第5刷発行

著　者　一般社団法人　日本サロネーゼ協会　桔梗 有香子
発行人　穂谷竹俊
発行所　株式会社 日東書院本社

〒160-0022　東京都新宿区新宿2丁目15番14号　辰巳ビル
TEL：03-5360-7522(代表)
FAX：03-5360-8951(販売部)
URL：http://www.TG-NET.co.jp/

印刷所　三共グラフィック株式会社
製本所　株式会社 セイコーバインダリー

本書の無断複写複製(コピー)は、著作権法上での例外を除き、著作者、出版社の権利侵害となります。乱丁・落丁はお取替えいたします。小社販売部までご連絡ください。

©Japan salonaise association 2015.Printed in japan
ISBN978-4-528-02056-6　C2077